이니셜 자수

일러두기

- 작품의 대부분은 DMC사의 25번 실로 수놓았습니다.
  울실이나 원단 등은 재료 항목에 따로 표기했습니다.

- 자수바늘은 크로바 3~6호를 사용했습니다.

- 수놓는데 기본적으로 필요한 바늘, 수틀, 먹지 등은 재료에 표기하지 않았습니다.
  그 외의 준비물만 명시했습니다.

- 책갈피, 브레이슬릿, 손거울 등 자수 소품의 부자재는
  동대문종합상가 5층 아트십자수나 인터넷쇼핑몰 패션메이드에서 구입하세요.

- 도안 일러스트의 'S'는 스티치(기법)이고 '숫자'는 실 번호, 괄호의 숫자는 실의 가닥수입니다.
  ex 아웃라인 S 699(3) → 699번 실 3가닥으로 아웃라인 스티치한다.

글자를 수놓다
이니셜 자수

최미나 지음

수작걸다

프롤로그

몇 해 전 봄날 오후.
저희 집 식탁에는 음식 대신 알록달록 자수실들이 펼쳐졌습니다.
취미로 수놓은 제 프랑스 자수 작품을 본 지인들이 한번 배워보고 싶다고 해서 마련한 자리였어요. 그것이 저의 첫 프랑스 자수 수업이었습니다.
감사하게도 그 날 이후 지금까지 저는 색색이 고운 자수실처럼 어여쁜 사람들과 프랑스 자수로 인연을 맺으며 행복한 날들을 보내고 있습니다.

프랑스 자수는 한 땀 한 땀 수놓는 그 자체로도 충분히 매력적인 작업이지만, 눈으로 감상만 하는 작품을 넘어 생활 속에서 더 가까이 두고 쓸 수 있도록 실용성까지 갖춘 작품을 만들고 싶었습니다. 그래서 일상에서 흔히 쓰는 에코백, 옷, 모자, 양말 등의 소품은 물론이고 배냇저고리, 손싸개, 발싸개 등 신생아 용품에 수를 놓기 시작했어요. 두 딸에게 뭔가 의미 있는 선물을 만들어주고 싶어서 에코백과 평소 즐겨 입히던 카디건에 이름을 한 글자 한 글자 예쁘게 디자인해서 수놓았더니 아이들이 너무 좋아했고, 사람을 만날 때마다 엄마가 해주었다며 자랑을 늘어놓았지요. 딸들이 좋아하고 주변에서 탐내하는 이니셜 자수 아이템들은 SNS나 자수 클래스 수강생들도 배우고 싶어했어요. 다양한 프랑스 자수 디자인 중에서 제가 이니셜 작업을 꾸준히 즐겨하는 이유이기도 합니다. 그렇게 저는 기억하고 싶은 이름이나 기념하고 싶은 날 등을 수놓으며 세상에 단 하나뿐인 특별한 이니셜 자수 작품들을 만들게 되었습니다.

누구나 소중하게 생각하는 글자가 있을 거예요. 아직 바늘을 쥐어보지 않은 분들이라도 마음에 새기듯 꼭꼭 눌러 쓰고 싶은 이름과 오래도록 기억하고 싶은 문구가 있을 거예요.
그런 소중한 글자를 저만의 감성으로 디자인해 수놓은 작품들을 많은 분이 좋아해주신 덕분에 큰 용기를 얻어 이 책을 세상에 내놓게 되었습니다.

『이니셜 자수』가 프랑스 자수를 시작하고자 하는 분이나, 이미 시작했어도 어떻게 활용해야 할지 어려워하는 분들께 작게나마 도움이 되었으면 좋겠습니다.
더불어 여러분의 일상이 프랑스 자수를 통해서 더 여유롭고 향기롭기를 바랍니다.

마지막으로 제 인생의 보물인 두 딸 재이와 유이에게 평생 소중한 기억으로 간직될 이 책을 선물할 수 있음에 감사드립니다.

LA VIE DE MINA 최미나

CONTENTS

프롤로그 · · · · · · 004

INTRO 수놓기 전에

자수 재료 · · · · · · 010

자수의 기초 · · · · · · 012

자수 기법 38 · · · · · · 016

PART 1 한 글자 자수

첫 번째 글자를 수놓다 DECORATIVE · · · · · · 046

두 번째 글자를 수놓다 BOTANICAL · · · · · · 050

세 번째 글자를 수놓다 HANDWRITING · · · · · · 056

네 번째 글자를 수놓다 JEWELRY · · · · · · 060

다섯 번째 글자를 수놓다 DINGBAT · · · · · · 064

여섯 번째 글자를 수놓다 GRAPHIC · · · · · · 070

일곱 번째 글자를 수놓다 DRAW BORDERS · · · · · · 074

PART 2 　글자로 엮은 일상 소품

수틀 액자 ······ 080

와펜(러브 · 알파벳) ······ 083

키링 ······ 086

스냅백 ······ 090

브레이슬릿 ······ 092

티코스터 ······ 096

린넨 파우치(왕관 · 깃털) ······ 098

손거울 ······ 102

책갈피 ······ 104

우산 ······ 106

쿠션 ······ 108

스카트 ······ 110

티셔츠(봉주르 · 주뗌므 · 헬로 · 하우디) ······ 112

앞치마 ······ 116

주방 소품(키친클로스 · 테이블매트) ······ 118

PART 3 　수놓는 엄마의 선물

태교 선물(손싸개 · 발싸개) ······ 122

배냇저고리 ······ 126

턱받이 ······ 128

보닛 ······ 130

애착 인형 ······ 132

실내화 ······ 136

네임 태그(퍼플 · 브라운) ······ 139

태슬 양말 ······ 142

아이방 문패 ······ 144

에코백(베이비 · 키즈) ······ 146

블랭킷 ······ 149

베개커버 ······ 150

생일파티 갈란드 ······ 152

답례품 손수건 ······ 156

데님 셔츠 ······ 158

린넨 원피스 ······ 160

피케 원피스 ······ 162

라피아 모자 ······ 164

헤어핀 ······ 166

알파벳 도안 ······ 168

INTRO

수놓기 전에

처음 자수를 시작한 분들이 궁금해할 만한 기초 지식을 알려드릴게요. 손재주가 없어도, 모든 재료를 갖추고 있지 않아도 얼마든지 자수를 시작할 수 있어요. 꼭 필요한 도구를 준비해두었다가 나의 취향에 맞는 도안과 실 컬러를 찾아가며 재미있는 자수 라이프를 시작해보세요.

자수 재료

처음 자수를 시작하는 이들을 위한 준비물을 소개한다. 모든 재료를 구비하기보다 100여 가지 실과 보빈, 보빈함, 바늘, 수틀, 수성펜 정도만 우선 구입한다. 가지고 있는 십자수실이 있다면 자수실로 활용한다.

❶ 수틀
원단을 고정해주는 틀로 바늘땀이 원단에 고르게 수놓아지도록 한다. 형태에 따라 원형과 사각형, 재질에 따라 나무와 플라스틱이 있다. 일반적으로 원형 나무 수틀을 많이 사용한다. 작품 크기에 따라 수틀의 크기를 달리 사용하는데 이때 수틀의 크기가 너무 크면 수를 놓을 때 손에 무리가 가므로 지름 10~12cm가 적당하다.

❷ 바늘
자수용 바늘은 일반 바늘보다 바늘귀가 크고 끝이 뾰족하다. 호수에 따라 길이나 두께가 다르므로 원단의 두께나 사용하는 실의 가닥수에 알맞게 골라서 사용한다. 숫자가 작아질수록 바늘귀가 커진다. 크로바 자수바늘 3~6호를 수놓을 때 가장 많이 사용한다.

❸ DMC 실
이 책에는 주로 십자수실로 잘 알려진 DMC 25번사를 사용했다. 면실로 6가닥이 한 줄로 꼬여있는데 원하는 실의 가닥만큼 뽑아서 사용한다.

❹ 애플톤 울실
양모실로 포근하고 풍성한 느낌을 주어 볼륨감이나 입체감을 표현하기 좋다.

❺ 트레싱지
기름종이라고도 하며 도안을 그대로 옮겨 그릴 때 사용한다. 너무 얇지 않은 것으로 고른다.

❻ 먹지
먹지는 문구점에서 판매한다. 원단-먹지-도안 순서로 올리고 뾰족한 펜으로 도안을 따라 그리면 원단에 그림이 옮겨진다. 도안이 원단 위에 잘 그려지지만 그린 도안이 잘 지워지지 않는다. 먹지를 사용해서 도안을 그릴 때는 필요한 도안의 선만 원단에 옮겨지도록 손으로 도안 주변을 누르지 않도록 주의한다.

❼ 가위
자수용 가위는 끝이 가늘고 뾰족하다. 실을 자를 때나 땀을 뜯어낼 때 사용한다. 원단을 자르는 재단용 가위는 날이 더 크고 두껍다. 실을 자르는 가위와 원단을 자르는 가위는 따로 분리해서 사용한다.

❽ 수성펜 · 기화펜
보통 수성펜은 하늘색이나 갈색으로 원단 위에 직접 도안을 그리고 수를 완성한 뒤 물을 묻히면 지워진다. 도안을 여러 번 반복해서 그리면 지워졌던 도안이 다시 나타날 수 있는데 이때는 다시 물을 충분히 묻혀서 지운다.
기화펜은 보라색으로 일정 시간이 지나면 공기 중에 날아가 없어진다. 도안을 그리고 빠른 시간 안에 수를 놓을 때 사용하면 좋다.

❾ 원단
어떤 재질의 원단이든 수를 놓을 수 있으나 신축성이 적은 면이나 마 원단이 적당하다. 보통 린넨 원단에 수를 놓는다. 구김이 잘 가지만 광택이 좋고 바느질하기 편하며 완성했을 때 고급스럽다. 100% 린넨 소재는 물세탁을 하면 원단이 줄어들기 때문에 반드시 찬물로 세탁해 다림질한 후 수놓는다.

❿ 펠트
원단이 부드러워 바느질이 편하고, 올이 풀리지 않아 수놓은 후 마무리 작업이 매우 간단하다. 색상이 다양해서 여러 가지 자수 소품을 만들기 좋다. 부드러운 소프트 펠트와 빳빳한 하드 펠트가 있는데 상황에 맞게 골라 사용한다.

자수의 기초

실을 구입한 뒤 보빈에 실 감는 방법, 실을 빼서 바늘에 끼우는 방법 등 수놓기 위한 기본 준비부터 원단에 도안 옮기는 방법까지 상세한 사진으로 배워본다.

수틀 끼우기

1

나사를 돌려 수틀을 분리한다.

2
나사가 없는 작은 수틀을 바닥에 두고 그 위에 원단을 올린다.

3
나사가 있는 큰 수틀을 위에 올리고 원단이 팽팽하게 펴지도록 누른다.

4
원단이 팽팽하게 펴진 모습.

5
수틀이 분리되지 않도록 나사를 조인다.

보빈에 실 감기

1

실과 보빈을 준비한다.

2
보빈 위쪽에 실 번호표를 붙이고 실 끝을 보빈 홈에 끼운다.

3
보빈에 실을 고르게 감는다.

4
실 끝을 보빈에 끼워 마무리한다.

5
보빈에 실 감기 완성.

INTRO 수놓기 전에

실 가르기(긴 실)

1

원하는 가닥수만큼 실을 분리한다.

2

오른손으로 분리한 실 두 갈래를 잡고, 왼손으로는 실이 꼬여진 반대 방향으로 푼다.

3

왼손 검지를 실 사이에 넣고 가른다.

실가르기(짧은 실)

1

원하는 가닥수만큼 실을 분리한다.

2

분리한 가닥을 오른손 엄지와 검지로 잡는다.

3
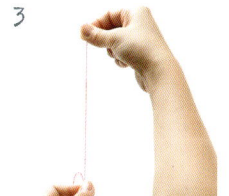
오른손으로 잡은 실을 위로 잡아당겨 뽑는다.

바늘에 실 끼우기

1
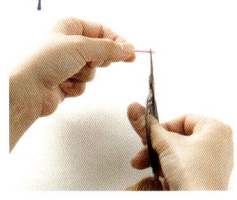
가위로 실 끝을 잘라 단면을 고르게 한다.

2
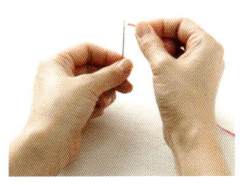
실 끝을 모아잡고 바늘귀에 넣는다.

3

실 한 쪽은 길게, 한 쪽은 짧게 끼운다.

실 매듭 짓기

1
오른손엔 바늘, 왼손엔 실 끝을 잡고 오른손 검지 위에 실 끝과 바늘을 겹친다.

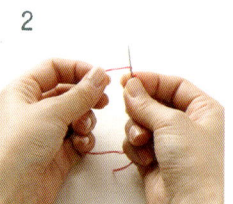

2
왼손으로 잡은 실을 바늘에 2~3바퀴 감는다.

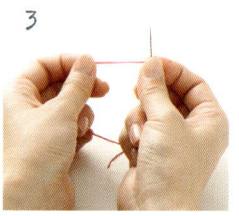

3
바늘에 감긴 부분을 오른손 엄지와 검지로 잡는다.

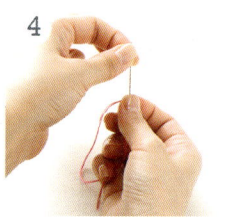

4
왼손으로 바늘을 위로 뽑는다.

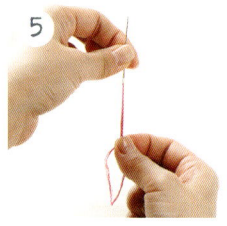

5
실 고리가 없어질 때까지 끝까지 당긴다.

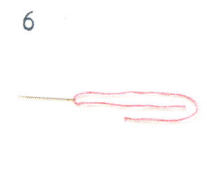

6
매듭이 완성되었다.

도안 그리기

1
수놓을 원단과 도안, 먹지를 준비한다.

2
원단-먹지-도안 순서로 놓고 뾰족한 펜으로 도안을 따라 그린다. 이때 먹지는 묻어나는 부분이 원단과 맞닿게 둔다.

3
원단 위에 도안이 옮겨졌다.

마무리 매듭 짓기

1
수를 마친 뒤 원단 뒷면으로 돌려 오른손으로 바늘을, 왼손으로 실을 잡는다.

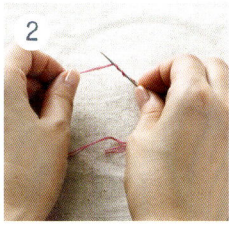
2
바늘에 실을 2~3바퀴 감는다.

3
바늘을 위로 뺀다.

4
오른손으로 바늘과 실, 왼손으로 고리를 잡고 양쪽으로 잡아당긴다.

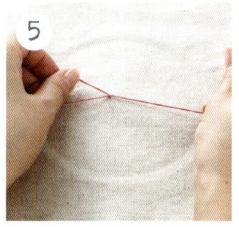
5
감긴 부분이 원단에 밀착되도록 끝까지 당긴다.

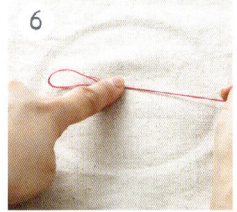
6
손끝으로 매듭 부분을 눌러 잡는다.

7
실을 끝까지 잡아당긴다.

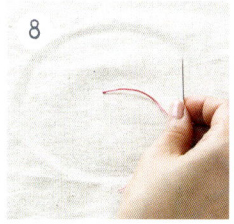
8
매듭이 완성되었다.

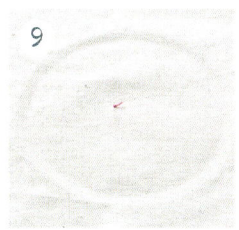
9
실 끝을 0.3㎝ 정도 남기고 가위로 자른다.

자수 기법 38

이 책에서 활용한 자수 기법을 소개한다. 쉬운 스티치부터 하나씩 연습하면서 수놓는 재미를 느껴보자. 꼭 알아야 하는 기본 스티치부터 숙련자를 위한 고급 스티치까지 알아봤다.

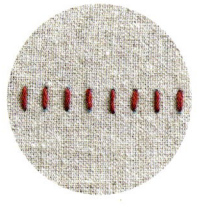

스트레이트 스티치

자수의 가장 기본적인 기법으로 광범위하게 활용된다. 도안선을 따라 원하는 길이로 한 땀씩 수놓는다.

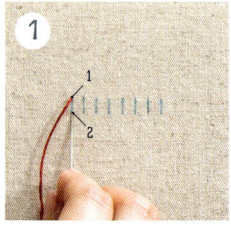 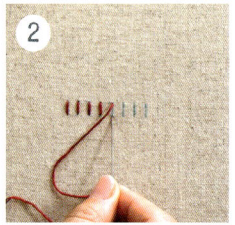

1. 시작점인 ①에서 나와 ②로 넣는다.

2. 도안선을 따라 직선으로 수놓는다.

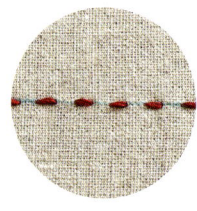

러닝 스티치

홈질과 같은 기법으로 겉과 안의 바늘땀 길이, 한 땀의 길이와 각 땀의 간격을 똑같이 한다. 선이나 윤곽을 쉽고 빠르게 표현할 때 쓴다.

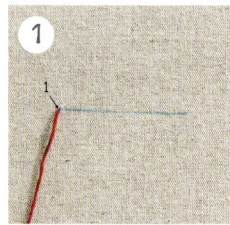  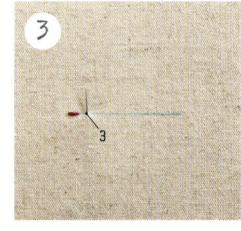 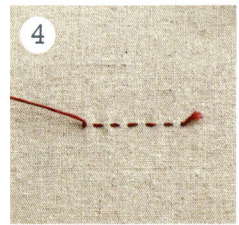

1. 시작점인 ①에서 바늘을 천 위로 뺀다.

2. 한 땀 옆인 ②로 바늘을 넣는다.(보통 0.3㎝ 간격으로 수놓는다)

3. 그 다음 한 땀 옆 ③에서 바늘을 뺀다. 일정한 간격(0.3㎝)으로 바늘을 위에서 넣고 아래로 빼면서 반복해 수놓는다.

4. 수를 마치면 원단 뒷면으로 돌려 최대한 원단에 밀착되도록 매듭짓는다.

INTRO 수놓기 전에

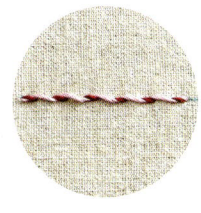

휘프트 러닝 스티치

러닝 스티치를 한 뒤 다른 실로 러닝 스티치를 휘감는 기법. 귀엽고 여성스러운 느낌의 선을 표현하거나, 글자를 수놓을 때 자주 활용한다.

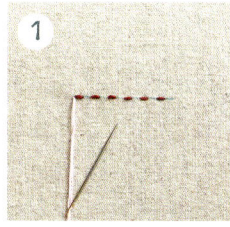  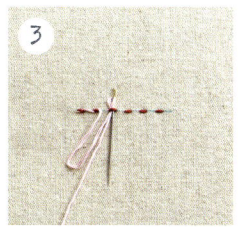 

1. 먼저 러닝 스티치를 수놓는다. 다른 실로 러닝 스티치의 시작점으로 나온다.
2. 바늘귀 쪽으로 러닝 스티치 한 땀을 통과한다.
3. 러닝 스티치를 휘감으며 같은 방향으로 계속 실을 통과한다.
4. 러닝 스티치의 끝 점으로 바늘을 넣고 원단의 뒷면에서 매듭지어 마무리한다.

백 스티치

바늘을 뒤로 한 땀 넣고 앞으로 한 땀 나오며 선을 표현하는 기법이다. 박음질과 같은 형태로 스티치 모양이 기계 스티치의 바늘땀 모양과 비슷하다.

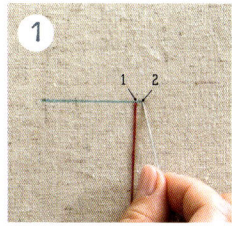 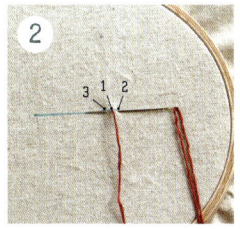 

1. 도안 시작점보다 한 땀 앞인 ①로 나와서 도안 시작점인 ②로 넣는다.
2. ①보다 한 땀 앞인 ③으로 나온다.
3. 같은 간격으로 바늘을 한 땀씩 뒤로 넣고 앞으로 빼면서 연결하여 수놓는다.

프렌치 노트 스티치

수놓은 모양이 동글동글한 점과 같아 동양 자수에서 '씨앗수'라고 불린다. 꽃의 중심이나 열매, 동물의 눈 등을 표현할 때, 면을 채울 때 등 다양하게 활용한다. 매듭을 지어 완성하는 기법이므로 잘못 수놓았을 때 풀 수 없다. 스티치 하나하나 신중하게 한다.

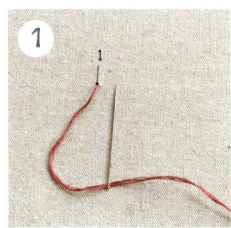

1. 수놓을 위치 ①에서 나온다.

2. 왼손으로는 실을, 오른손으로는 바늘을 잡는다. (이때 실을 ①에서 5㎝ 정도 떨어져 잡는다. 너무 바짝 잡고 감으면 다음 과정에서 원단에 바늘을 꽂기 불편하다)

3. 바늘에 실을 3번 감는다.

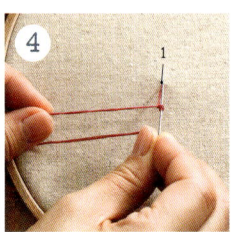

4. 실이 나온 ①에 바늘을 수직으로 꽂고 왼손으로 잡은 실을 살살 잡아당긴다.

5. 왼손 검지로 바늘에 감긴 실을 원단 쪽으로 내려 동그랗게 모아 모양을 잡는다.

6. 스티치가 예쁘게 잡힌 걸 확인하고 바늘을 원단 아래로 밀어 넣는다.

> **MINA'S TIP**
> 프렌치 노트 스티치는 바늘에 실을 3번 감아 수직으로 찌르고 잡아당겨 매듭을 만들어요. 이때 너무 조여 감으면 바늘을 빼기 어렵고, 또 너무 느슨하게 감으면 모양이 예쁘지 않아요.

INTRO 수놓기 전에

아웃라인 스티치

왼쪽에서 오른쪽으로 바늘땀을 겹쳐가며 꽈배기 모양으로 선을 표현하는 기법이다. 곡선을 표현할 때는 땀의 길이를 짧게 해야 정교하게 수놓을 수 있다. 아웃라인 스티치를 반복적으로 수놓아 면을 채우기도 하는데, 이 기법을 아웃라인 필링 스티치라고 한다.

시작점인 ①에서 나와 왼손으로 실을 내려 잡는다.

한 땀 오른쪽인 ②로 바늘을 넣으면서 반 땀만 되돌아 와 ③으로 뺀다. 이때 실을 끝까지 당긴 후 내려 잡는다.

두 번째 스티치부터는 반 땀만큼씩만 오른쪽으로 바늘을 넣어 스티치 끝점으로 되돌아오기를 반복한다. 실은 항상 아래로 내려 잡는 것이 포인트.

MINA'S TIP
직선이나 아래쪽으로 굴곡이 있는 곡선(U)을 수놓을 때는 실을 아래로 내려잡고, 위쪽으로 굴곡이 있는 곡선(∩)을 수놓을 때는 실을 위로 올려잡고 수놓아야 곡선이 예쁘게 완성되어요.

크로스 스티치

'십자수 기법'이라고도 하며 스트레이트 스티치를 사선으로 교차시켜 'X' 모양으로 수놓는다. 기법이 간단하고, 여러 가지 컬러 실을 사용하면 정교하고 섬세한 작품을 만들 수 있어 프랑스 자수에서 활용도가 높다.

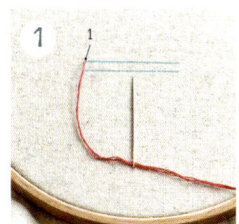
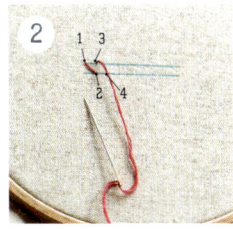

시작점인 ①에서 나온다.

사선 아래 ②로 바늘을 넣고 수직 위 ③으로 나와 사선 아래 ④로 들어간다.

반복해서 스트레이트 스티치를 사선으로 교차하며 수놓는다.

019

스타 스티치

별 형태로 수놓는 기법으로 스티치의 크기나 실의 가닥수 등을 응용하여 자수 작품의 배경에 독특한 장식을 할 수 있다.

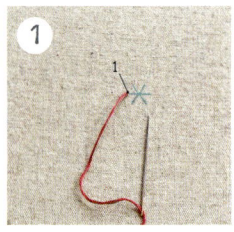
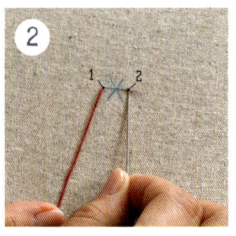
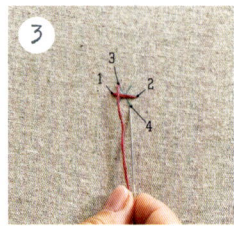
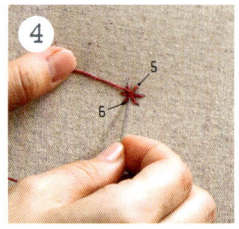

1. 사진과 같이 도안을 그린 뒤 시작점 ①로 나온다.
2. ②로 바늘을 넣는다.
3. ③으로 나와 ④로 바늘을 넣는다.
4. ⑤으로 나와 ⑥으로 넣고 중심에서 살짝 비켜 나와 대칭점으로 넣어 고정시킨다.

새틴 스티치

면을 채우는 대표적인 기법으로, 도안을 반을 가른 뒤 한 쪽 반을 먼저 채우고 나머지 반을 채우는 순서로 수놓아야 균형이 맞춰져 예쁘다.

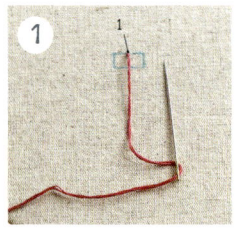
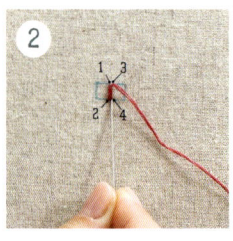

1. 그려놓은 도안의 위쪽 중심인 ①에서 나온다.
2. 바늘을 수직 아래 ②로 넣어 반을 갈라주고 ①의 바로 옆인 ③으로 나와 ②의 바로 옆인 ④로 넣는다.
3. 위에서 아래로 꼼꼼하게 색칠하듯 오른쪽 면을 다 채운 뒤, 왼쪽 면도 같은 방법으로 채운다.

> **MINA'S TIP**
> 한 땀을 너무 길게 수놓으면 실이 들뜨기 쉬우니 너무 길지 않도록 사선으로 수놓거나, 넓은 면적은 피해서 수놓으세요.

INTRO 수놓기 전에

롱앤숏(A) 스티치

길고 짧은 땀을 연속적으로 리드미컬하게 수놓아 면을 채우는 기법으로 실 색상을 단계별로 바꿔주며 수놓아 그러데이션을 표현할 때 많이 쓰인다. 한 가지 색으로 면을 채울 때도 새틴 스티치보다 촘촘하게 수놓아져 조직적인 느낌이 든다.

도안의 중심에 사진과 같이 한 땀 수놓는다. 이 한 땀은 숏 스티치다. 바로 오른쪽에 긴 스트레이트를 한 땀 수놓는다. 이 한 땀은 롱 스티치다.

숏 스티치와 롱 스티치를 번갈아가며 촘촘하게 수놓는다. 도안을 반 채운 뒤 나머지 반도 같은 방법으로 수놓는다.

MINA'S TIP
사각형과 같이 위아래 길이가 같을 경우 수놓는 방법이에요.

롱앤숏(B) 스티치

길고 짧은 땀을 연속적으로 수놓는 기법으로 곡선 형태의 면적을 채울 때나 꽃잎이나 나뭇잎처럼 점점 좁아지는 형태를 수놓을 때 많이 쓰인다. 꼭짓점이 있거나 중심으로 모이는 형태의 도안을 수놓을 때는 모든 실의 방향이 꼭짓점(중심)을 향하게 한다.

도안의 넓은 쪽부터 시작한다. 중심에 원하는 길이로 한 땀을 수놓아 반 가르고 한쪽부터 숏 스티치와 롱 스티치를 번갈아가며 수놓는다.

나머지 반쪽도 같은 방법으로 수놓는다. 이때 모든 스티치는 도안의 꼭짓점을 향하게 한다.

수놓은 바로 위쪽에 또 원하는 길이로 한 땀 수놓아 반을 가르고, 같은 방법으로 한 쪽을 촘촘하게 수놓아 채운다.

나머지 반쪽도 롱 스티치와 숏 스티치를 서로 번갈아가며 수놓는다.

레이지 데이지 스티치

작은 꽃잎이나 잎을 표현할 때 쓰는 기법으로, 고리를 만들고 고리 위쪽을 한 번 고정시켜 수놓는다. 이 때 실을 지나치게 세게 당기거나 느슨하게 하면 스티치가 예쁘지 않으니 주의한다. 레이지 데이지 스티치를 2개 겹쳐 이중으로 수놓는 기법을 더블 레이지 데이지 스티치라고 한다. 먼저 안쪽의 레이지 데이지를 수놓아야 예쁘다.

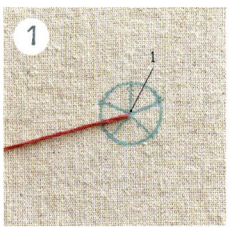

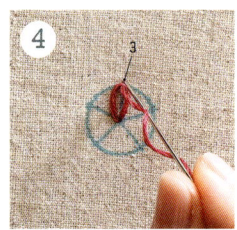

1. 스티치의 중심이 될 지점 ①에서 나온다.

2. 왼손으로 실을 위로 올려 잡고 바늘을 다시 ①로 넣으면서 ②로 뺀다. 이때 위로 올려 잡은 실보다 바늘이 앞으로 나와야 한다.

3. 고리가 너무 조여지지 않도록 손끝으로 스티치 시작점을 누른 뒤 실을 위쪽으로 살살 당겨 원하는 크기의 고리를 만든다.

4. 고리 바깥쪽인 ③으로 바늘을 넣어 고정한다. 한 장의 꽃잎 완성. 나머지 꽃잎도 같은 방법으로 수놓는다.

체인 스티치

레이지 데이지 스티치의 변형으로 고리를 만들어 마무리를 하지 않고 계속 이어가는 기법이다. 볼륨감 있는 선을 표현하거나 촘촘하게 수놓아 면을 채우는 등 다양하게 쓰인다. 레이지 데이지 스티치보다 고리를 살짝 타이트하게 한다.

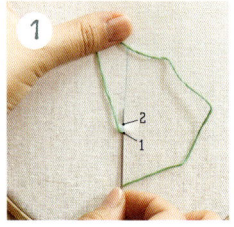

1. 레이지 데이지 스티치의 방법과 같다. ①로 나와 실을 위로 올려 잡고 다시 ①로 바늘을 넣는 동시에 ②로 뺀다. 이때 위로 잡은 실보다 바늘이 앞으로 나와야 한다.

2. 실을 다시 위로 올려 잡고 바늘을 ②로 넣으면서 한 땀 정도 간격을 두어 ③으로 뺀다. 이때 역시 실보다 바늘이 앞으로 나와야 한다.

3. 같은 방법으로 연결해 수놓는다. 체인 스티치를 마무리할 때는 고리 바깥쪽으로 바늘을 넣는다.

INTRO 수놓기 전에

러시안 체인 스티치

중심이 되는 도안선의 좌우 사선으로 레이지 데이지 스티치를 엮는 기법이다. 바늘땀 길이와 양쪽 레이지 데이지 스티치의 각도가 일정해야 예쁘게 완성된다. 단독으로 수놓거나 연결된 스티치로 작품의 테두리를 장식한다.

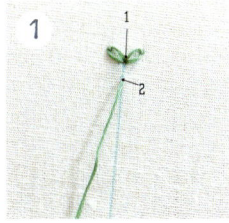  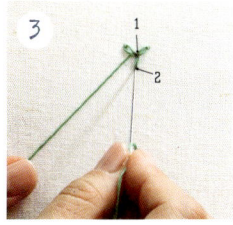 

1. 시작점인 ①에서 나와 좌우 사선으로 각각 레이지 데이지 스티치한다. 스티치의 길이만큼 아래 ②에서 나온다.

2. 바늘 귀 쪽으로 수놓은 레이지 데이지 스티치 2개를 한 번에 통과한다.

3. 다시 ②로 바늘을 넣는다.

4. 러시안 체인 스티치 1개가 완성되었다.

5. ②보다 살짝 아래 ③에서 나와 양쪽 사선으로 레이지 데이지 스티치를 한다. 다시 ④에서 나와 바늘귀 쪽으로 고리 세 개를 한 번에 통과한다. 같은 방법으로 반복해 스티치한다.

밀 플라워 스티치

원의 중심을 향해 대칭으로 스트레이트 스티치해 면을 채워가는 기법. 원의 중심점으로 모든 스티치가 만나야 예쁘다. 2가지 이상의 실을 사용할 때는 먼저 한 가지로 원하는 만큼의 등분을 하고 나머지 부분을 다른 색으로 채워간다.

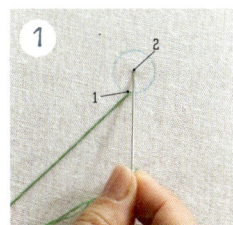 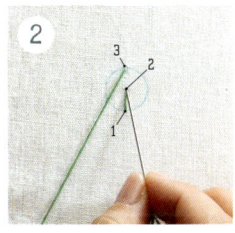 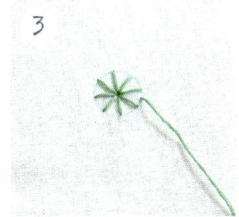

1. 원을 그리고 ①에서 나와 원의 중심인 ②로 넣는다.

2. 대칭이 되도록 ③에서 ②로 스티치해 원을 2등분한다.

3. 같은 방법으로 4등분, 8등분, 16등분, 32등분… 순으로 원하는 밀도까지 등분하며 스티치한다.

023

카우칭 스티치

도안선을 따라 실을 올리고 다른 실로 올린 실과 원단을 원하는 간격으로 고정하는 기법이다. 곡선으로 수놓을 때는 바늘땀의 간격을 좁게 한다. 보통 기준이 되는 첫 번째 실을 두껍게, 고정시키는 두 번째 실을 얇게 한다. 단순한 도안이나 글자를 수놓을 때 활용하기 좋다.

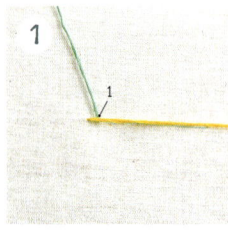
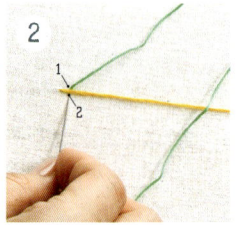

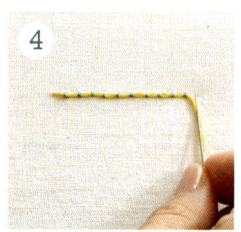

1 도안을 그리고 첫 번째 실로 시작점에서 나온다. 도안을 따라 실을 두고, 두 번째 실을 넣은 바늘이 ①에서 나온다.

2 첫 번째 실을 감듯 ②로 넣는다.

3 같은 방법으로 도안을 따라 두 번째 실로 첫 번째 실을 고정한다. 일정한 간격으로 맞춘다.

4 마무리할 때는 2가지 실 모두 원단 아래로 넣어 매듭짓는다.

> **MINA'S TIP**
> 카우칭 드 트렐리스 스티치는 가로 세로를 길게 스트레이트 스티치하고 스티치가 교차된 부분을 묶어주는 기법이다.

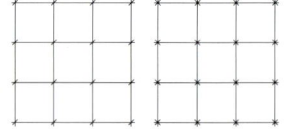

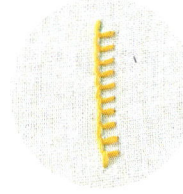

버튼홀 스티치(블랭킷 스티치)

단추 구멍을 만드는 방법으로 수놓는 기법. 모포의 가장자리를 뜨는 방법에서 유래되어 블랭킷 스티치라고 한다. 두께가 있는 선을 표현할 때나 자수 작품의 테두리를 꾸미거나, 올이 풀리지 않도록 정돈하는 데 쓰인다. 곡선을 수놓을 때는 바늘땀의 간격을 좁게 한다.

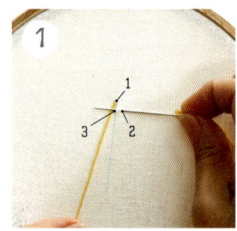
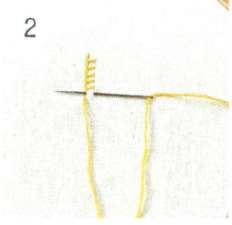

1 시작점인 ①에서 나와 수놓을 방향으로 실을 내려 잡고 ②로 바늘을 넣으면서 ③으로 뺀다. 이때 내려 잡은 실보다 바늘이 앞으로 나와야 한다.

2 한 땀 간격으로 아래로 내려오면서 같은 방법으로 연속해서 수놓는다.

3 도안의 끝점으로 바늘을 넣어 마무리한다.

버튼홀 휠 스티치

버튼홀 스티치로 원을 만드는 기법으로 항상 원의 중심점으로 바늘을 넣는다. 스티치 간격이 넓을수록 다각형 형태가 되고, 좁을수록 원과 가깝게 완성된다. 촘촘하게 수놓아 꽉 채워진 원을 표현하거나 꽃이나 기하학적인 원 형태를 수놓을 때 활용하기 좋다.

1
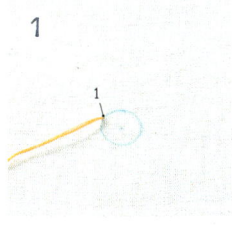
원을 그리고 시작점 ①에서 나온다.

2

왼손으로 실을 내려 잡고 원의 중심인 ②로 바늘을 넣는다.

3

①보다 살짝 아래인 ③으로 바늘을 뺀다. 이때 내려 잡은 실보다 바늘이 앞으로 나와야한다.

4

다시 중심인 ②로 바늘을 넣으면서 ③보다 살짝 아래인 ④로 뺀다.

5

같은 방법으로 계속 ②를 중심으로 돌아가며 수놓는다.

6

원이 완성되면 시작점인 ①로 바늘을 넣어 마무리한다.

코럴 스티치

스티치 모양이 산호를 닮아서 붙여진 이름으로 실 사이사이 매듭을 짓는 기법이다. 귀엽고 여성스럽거나 고급스러운 선을 표현할 때 많이 사용한다. 촘촘하게 매듭지어 두껍고 볼륨감 있는 선을 표현하거나, 매듭짓는 간격을 넓게 해 선 위에 알알이 보석이 박힌 듯한 느낌을 표현하기도 한다. 실의 가닥수에 따라서 완성된 스티치의 느낌이 매우 다르다.

1
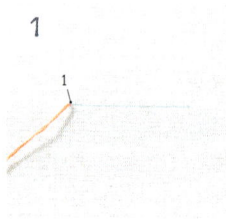

시작점인 ①에서 나온다.

2
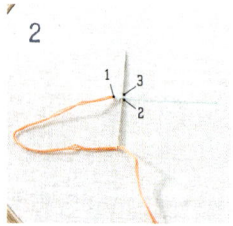

바늘을 ②로 넣어 도안선 바로 위쪽인 ③으로 빼서 도안선만 바늘로 살짝 집어둔다.

3
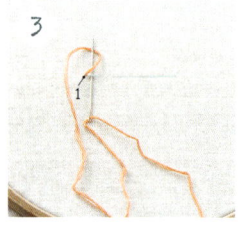

①에서 나온 실로 바늘 위쪽만 반시계 방향으로 1번 감는다.

4
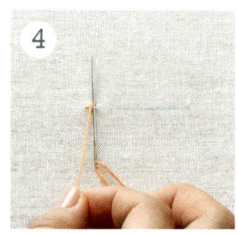

실을 팽팽하게 당겨준다.

5

감은 부분을 손끝으로 눌러 잡고 바늘을 위로 뽑는다.

6
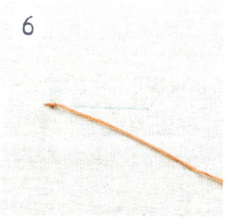

코럴 스티치 한 개가 완성되었다. 이때 실을 살짝 당겨 매듭을 정리한다.

7

같은 방법으로 도안선을 따라 반복해서 수놓는다.

INTRO 수놓기 전에

플라이 스티치

스티치 마무리 위치에 따라 'V' 또는 'Y' 모양으로 수놓는 기법이다. 단독으로 모양을 내도 예쁘지만 연속해서 수놓아 포인트가 되는 선을 표현하거나, 입체감이 느껴지는 면을 채울 때 활용한다. 일정한 각을 유지하면서 수놓아야 완성도가 높다.

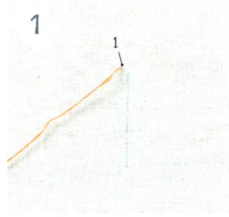

1 도안선보다 왼쪽 위인 ①에서 나온다. ①은 'Y' 형태인 스티치의 왼쪽 시작점이다.

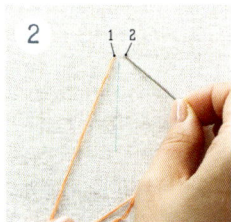

2 왼손으로 실을 내려 잡고 ①과 대칭이 되는 ②로 바늘을 넣는다.

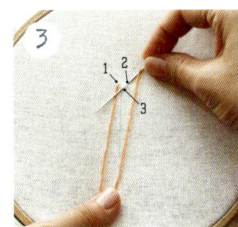

3 ①과 ②의 가운데 아래 ③으로 바로 뺀다. 이때 내려 잡은 실보다 바늘이 앞으로 나와야 한다.

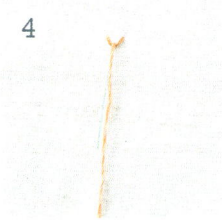

4 실을 아래쪽으로 당겨 'V' 모양을 만든다.

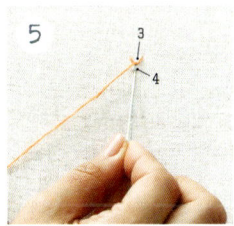

5 ③에서 나온 실을 원하는 길이만큼 내려 ④로 넣는다.

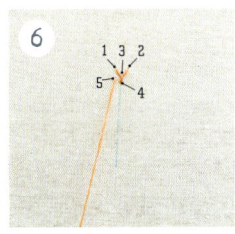

6 ①보다 살짝 아래 ⑤로 나온다.

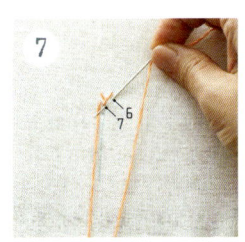

7 실을 내려 잡고 ⑥으로 넣어 ④로 뺀다. 내려 잡은 실보다 바늘이 위로 나오게 한다.

8 같은 방법으로 'Y'를 연결하듯이 수놓는다.

리프 스티치

잎을 표현하는 대표적인 기법. 도안을 따라 플라이 스티치 기법으로 수놓는다. 이때 나뭇잎의 끝은 뾰족하게 살리고, 'Y'의 각도를 일정하게 조절해야 스티치가 예쁘게 완성된다. 바늘땀의 간격이나 실의 가닥수에 변화를 주어 다양한 나뭇잎을 표현할 수 있다.

사진처럼 도안을 그린 뒤 잎의 꼭짓점인 ①에서 나와 한 땀 아래 ②로 들어가 나뭇잎 끝 모양을 잡는다. (나뭇잎 끝을 뾰족하게 하기 위해 스트레이트를 하는 것이다)

한 땀 수놓은 스티치의 중간쯤인 ③에서 나와 실을 내려 잡고 ④로 바늘을 넣어 ②로 빼며 실을 아래로 끝까지 당긴다. 이때 내려 잡은 실보다 바늘이 앞으로 올라와야 한다.

수직 아래로 조금 내려와 ⑤로 바늘을 넣어 플라이 스티치 하나를 완성한다.

같은 방법으로 촘촘하게 'Y'를 그리듯이 반복해서 수놓는다.

피시본 스티치

스티치 모양이 물고기 뼈와 비슷하다고 하여 붙은 이름이다. 스트레이트 스티치를 'X' 모양으로 교차시키며 촘촘하게 수놓아 면을 채운다. 주로 섬세하고 꽉 채운 느낌의 잎을 표현할 때 쓰인다.

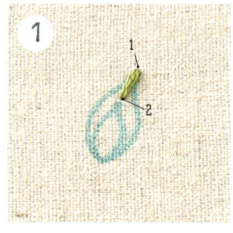

나뭇잎을 그리고 그 안에 작은 나뭇잎을 그린다. 나뭇잎의 꼭짓점 ①에서 나와 수직 아래인 ②로 넣어 나뭇잎 끝 모양을 잡는다.

도안을 따라 ③에서 나와 ④로 넣는다.

⑤에서 나와 ⑥으로 넣는다.

같은 방법으로 왼쪽 바깥 선에서 오른쪽 안쪽 선으로, 오른쪽 바깥 선에서 왼쪽 안쪽 선으로 'X'로 교차하며 도안을 따라 촘촘하게 수놓는다.

페더 스티치

'V' 모양의 스티치를 좌우로 번갈아가며 수놓는 기법으로 실의 가닥수, 수놓은 'V'의 각도에 따라 완성된 스티치의 느낌이 매우 다르다. 디테일한 장식이나 나뭇잎, 깃털 등을 수놓을 때 자주 사용된다. 두 번씩 수놓아 더블 페더 스티치로 응용할 수 있다.

기준선을 그린 뒤 선의 왼쪽 ①에서 나와 왼손으로 실을 내려 잡고 선의 오른쪽 ②로 바늘을 넣어 가운데 아래인 ③으로 뺀다. 이때 내려 잡은 실보다 바늘이 앞으로 와야 한다.

수놓기 편하도록 원단을 가로로 돌려 잡고 바늘을 ④로 넣어 ⑤로 뺀다. 역시 실보다 바늘이 앞으로 오게 한다.

실을 올려 잡고 바늘을 ⑥으로 넣어 ⑦로 뺀다.

같은 방법으로 실과 바늘이 'V'가 되도록 각을 만들며 수놓는다.

바늘을 아래로 넣어 마무리 한다.

> **MINA'S TIP**
> 실과 바늘의 각도에 따라 스티치의 모양이 달라져요. 기준선을 따라 실을 수직으로 맞춰가며 수를 놓으면 A의 모양이 됩니다. 실을 사선으로 맞춰가며 수놓으면 B의 모양으로 완성할 수 있어요.

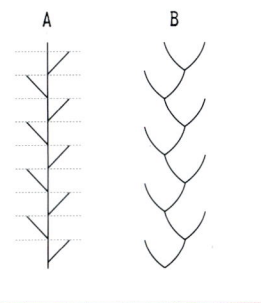

블리온 스티치

대표적인 입체 자수 기법으로 블리온 로즈 스티치, 블리온 데이지 스티치, 블리온 링 스티치 등의 기본이 된다. 실의 가닥수나 감는 횟수에 변화를 주어 완성 스티치의 굵기나 길이를 조절한다.

기준선을 그린 뒤 시작점인 ①에서 나와 ②로 넣는다.

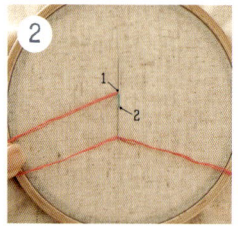

다시 ①로 바로 나와 그대로 바늘을 꽂아둔다.

①에서 ②까지의 길이만큼 바늘에 실을 감는다.

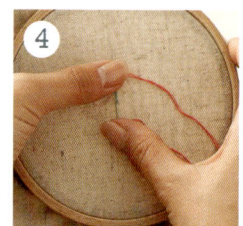

왼손으로 실을 감아놓은 부분이 엉키지 않도록 잡고 바늘을 위로 뽑는다.

실을 아래로 내리고 끝까지 당긴 후 다시 ②로 넣어 마무리한다.

> **MINA'S TIP**
> 바늘에 실을 감을 때 너무 팽팽하게 감거나 너무 느슨하게 감지 않도록 주의하세요. 실이 겹치지 않게 한 겹으로 깔끔하게 감아야 완성된 스티치가 예뻐요.

블리온 로즈 스티치

대표적인 입체 꽃 자수 기법이다. 블리온 스티치를 겹쳐가며 장미꽃 모양으로 수놓는다. 꽃잎 하나하나의 위치에 따라 전체적인 꽃 모양이 다르게 표현된다. 따라서 여러 번 반복해서 연습해야 예쁜 장미꽃을 완성할 수 있다.

1. 원을 그리고 세로로 두 줄 중심선을 그린다.

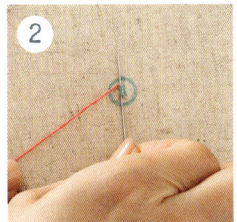

2. 선을 따라 블리온 스티치한다.

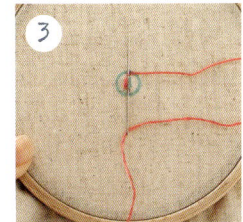

3. 나머지 한 줄도 블리온 스티치한다. 꽃의 중심이 되는 블리온 스티치가 완성되었다.

4. 2개의 블리온 스티치를 에워가며 사선으로 블리온 스티치한다.

5. 수놓은 블리온 스티치와 살짝 겹치게 에워가며 계속해서 스티치한다.

6. 한 방향으로 돌아가며 전체적인 꽃의 형태를 생각하면서 완성한다.

> **MINA'S TIP**
>
> 블리온 로즈 스티치는 조금 두꺼운 바늘(3호 정도)로 수놓아야 편해요. 또한 꽃잎이 서로 엇갈리게 수놓아야 자연스럽고 예쁜 꽃이 완성됩니다. 꽃잎을 나란히 수놓지 않도록 주의하세요.

블리온 데이지 스티치

블리온 스티치를 길게 만들어 레이지 데이지 스티치 형태를 만드는 기법. 보통 실을 25~26번 정도 감는데, 감는 횟수를 가감하여 스티치 크기를 변화시킨다. 각 스티치가 중심으로 모이도록 여러 개를 수놓아 꽃을 표현하거나, 두 개를 마주보게 수놓아 리본을 만드는 등 여러가지 형태로 응용한다.

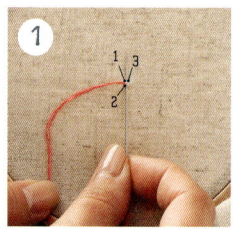

1 시작점인 ①에서 나와 거의 같은 점 ②로 넣고 ③으로 빼서 원단을 살짝 집는다.

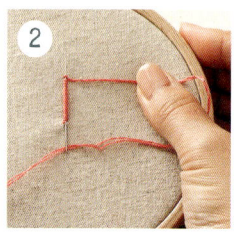

2 바늘에 실을 25번 정도 감는다. 이때 너무 조이지 않게 주의한다.

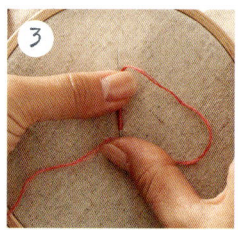

3 실을 감은 부분이 흐트러지지 않도록 왼손으로 누르고 바늘을 위로 뽑는다.

4 실을 끝까지 잡아당겨 감긴 실을 고리 모양으로 만들고 고리가 모아지는 부분인 ④로 바늘을 넣는다.

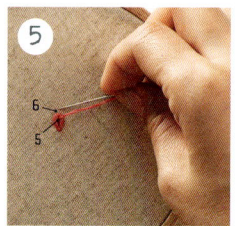

5 고리 안쪽인 ⑤에서 나와 고리 바깥쪽인 ⑥으로 넣어 마무리한다.

MINA'S TIP

순서 → 블리온 데이지 스티치를 연결해서 길게 수놓을 때는 위에서 아래로 수놓으세요. 이때 아래쪽에 만들 스티치로 위쪽 스티치의 시작 부분을 살짝 가리면서 조금씩 엇갈리게 이어가면 수가 예쁘고 깔끔해요.

블리온 링 스티치

블리온 스티치 방법으로 동그란 원을 표현하는 기법이다. 작은 꽃이나 작은 원을 수놓아 귀여운 느낌을 낼 때 활용한다. 바늘에 실 감는 횟수를 가감해 스티치 크기를 조절한다. 실을 감을 때 힘을 일정하게 조절해야 스티치가 깔끔하게 마무리된다.

1 블리온 데이지 스티치처럼 시작점에서 바늘을 빼고 거의 같은 점을 집어 바늘을 꽂아두고 실을 30번 감는다. 이때 원의 크기에 따라 실을 감는 횟수를 가감한다.

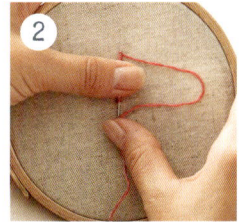

2 감은 부분을 왼손 끝으로 잡아 엉키지 않게 고정한 후 바늘 위로 뽑는다.

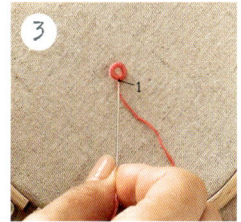

3 실을 끝까지 잡아당겨 감긴 실을 고리로 만들고 시작점인 ①로 바늘을 넣는다.

4 고리를 원 모양으로 잡아준 뒤 위쪽 고리 안 ②에서 바늘을 뺀다.

5 고리 바깥쪽 ③으로 넣어 스티치의 위쪽을 고정시킨다.

6 오른쪽 고리 안 ④에서 나와 바깥쪽 ⑤로 넣어 스티치의 오른쪽도 고정시킨다.

7 반대편 ⑥에서 나와 ⑦로 넣어 고정시킨다.

스파이더 웹 로즈 스티치

원을 홀수로 등분한 뒤 등분선을 한 줄은 실 위로, 한 줄은 실 아래로 통과하며 계속 감아주어 원을 채우는 기법이다. 기법은 단순하지만 완성도가 높아 초보자들이 활용하기 적합하다. 주로 꽃을 표현한다. 실을 많이 감을수록 볼륨감이 풍부해지지만 전체적인 원의 형태가 틀어질 수 있으니 지나치게 많이 감지 않도록 주의한다.

1. 원하는 크기의 원을 그린 뒤 홀수로 등분한다. 작은 원은 5등분이나 7등분이 적당하다.(이때 등분한 각 선의 길이를 일정하게 한다)

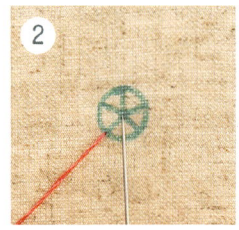

2. 시작점에서 나와 원의 중심으로 들어가며 등분선을 만든다.

3. 같은 방법으로 밖에서 중심으로 들어가며 나머지 등분선을 만든다.

4. 원의 중심에서 살짝 비켜 나온다.

5. 바늘귀로 첫 번째 실은 아래로 통과하고 두 번째 실은 위로 올라온다.

6. 세 번째 실은 아래로 통과하고 네 번째 실은 위로 올라온다.

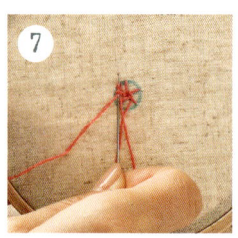

7. 같은 방법으로 원을 그리며 감는다.

8. 등분한 실이 안 보일 때까지 감아 원이 완성됐을 때 바늘을 아래로 넣어 마무리한다.

INTRO 수놓기 전에

립드 스파이더 웹 스티치

원을 등분한 뒤 실을 감아 채우는 기법 중 하나로 꽃이나 열매를 수놓을 때 많이 사용한다. 수를 완성한 후 중심점에 비즈 등을 달거나 프렌치 노트 스티치를 해서 완성도를 높일 수 있다.

1. 원하는 크기의 원을 그리고 8 등분한다.

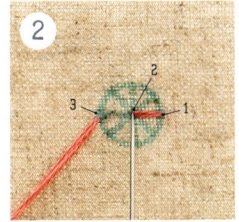

2. ①에서 나와 원의 중심인 ②로 넣어 등분선을 만든다. 대칭으로 ③에서 나와 ②로 넣어 원을 이등분한다.

3. 같은 방법으로 4 등분하고, 다시 8 등분한다.

4. 원의 중심인 ②에서 살짝 비켜 나온다.

5. 바늘귀로 등분한 실 두 줄을 오른쪽에서 왼쪽으로 한 번에 통과시킨다.

6. 두 줄 중 왼쪽에 있는 실을 포함해서 다시 두 줄을 한 번에 통과시킨다.

7. 같은 방법으로 한 줄을 계속 물고 가며 두 줄씩 통과하여 감아준다. 처음 등분해 놓은 실이 안보일 때까지 원을 그리며 감아 완성한다.

035

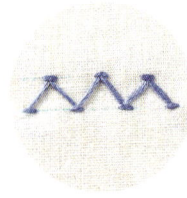

셰브론 스티치

'V'형 무늬라는 뜻으로 이름처럼 'V' 패턴이 연속된 모양의 기법이다. 층층이 수놓아 기하학적 패턴을 만들거나 엇갈리게 수놓는 등 다양하게 응용할 수 있다.

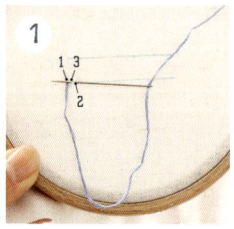

원하는 스티치 높이를 고려해 기준선을 2줄 그린다. 시작점 ①에서 나와 한 땀 오른쪽 ②로 바늘을 넣어주면서 반 땀 되돌아와 ③으로 뺀다.

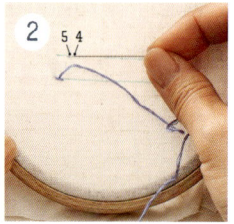

④로 넣으면서 ⑤로 뺀다.

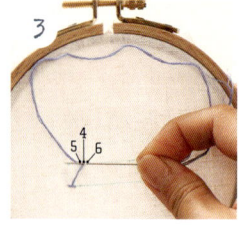

⑥으로 넣으면서 ④로 뺀다.

⑦로 넣으면서 ⑧로 뺀다.

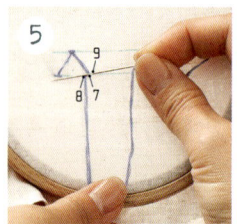

⑨로 넣으면서 ⑦로 뺀다.

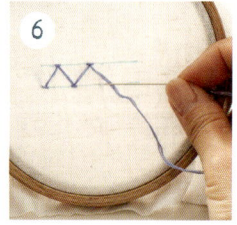

같은 방법으로 위아래를 번갈아가며 가운데서 왼쪽, 오른쪽에서 가운데로 반 땀씩 뜨면서 수놓는다.

마지막은 가운데서 왼쪽으로 반 땀만큼 나와 한 땀 오른쪽으로 넣어 마무리한다.

케이블 스티치

굵은 밧줄을 엮듯 고리를 걸어가며 입체적인 선을 만드는 기법이다. 도안선을 따라 살짝 선만 집어 통과하고 그 실에 두 번씩 실을 감아 완성한다. 선을 통과할 때는 실 전체를 내리고, 그 다음 실을 통과할 때는 모두 실을 위로 올려 잡아야 한다. 케이블 스티치는 입체적이라 자수 작품의 포인트가 되고, 고급스러운 느낌의 선을 표현하기 좋다.

1. 도안선을 그린 뒤 도안선이 세로가 되도록 수틀을 잡는다. 시작점에서 나와 실을 아래로 내려 잡고, 오른쪽에서 왼쪽으로 선만 살짝 집어 통과한다.

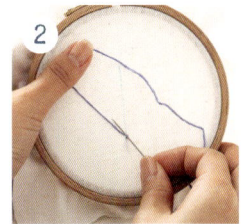

2. 실을 위로 올려 잡고 바늘로 수놓은 실을 아래에서 위로 통과한다. 이때 올려 잡은 실보다 바늘이 앞으로 올라오게 한다.

3. 실을 다시 올려 잡고 안쪽 처음 통과했던 실을 한 번 더 아래에서 위로 통과한다.

4. 원하는 간격만큼 떨어뜨려 같은 방법으로 선만 살짝 집어 통과한다.

5. 실을 위로 올려 잡고 바늘로 한 땀 수놓은 실을 아래에서 위로 통과한다.

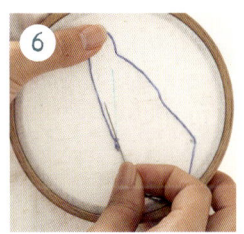

6. 실을 다시 올려 잡고 통과했던 안쪽 실을 한 번 더 통과한다.

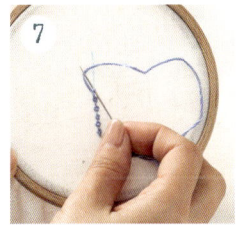

7. 같은 방법으로 반복해서 수놓아 케이블 스티치를 완성한다.

MINA'S TIP

스티치에 간격을 주어 선 사이사이 동그란 매듭의 느낌을 살리면 귀엽고, 타이트하게 붙여 수놓아 두껍고 입체적인 선으로 표현해도 독특해요. 스티치 간격에 따라 서로 다른 느낌으로 응용해보세요.

페탈(A) 스티치

레이지 데이지 스티치를 작게 수놓고 마무리를 하지 않은 상태에서 링을 여러 개 만들고 묶어주어 동그랗고 입체적인 꽃을 수놓는 기법이다. 다소 과정이 복잡하지만 완성했을 때 풍부한 느낌을 주어 아름답고 고급스러운 꽃이 표현된다. 한 개의 스티치를 단독으로 사용하거나 여러 개의 스티치를 수놓아 큰 꽃을 표현하기 좋다.

1. 레이지 데이지 스티치를 수놓고 실을 살짝 위로 잡아당겨 고리를 작게 만든 후 바늘귀를 고리 뒤에서 앞으로 통과시킨다.

2. 바늘을 완전히 통과시켜 레이지 데이지 스티치의 오른편에 작은 링을 만든다.

3. 같은 방법으로 동일한 크기의 링을 총 4개 만든다.

4. 왼손으로 실을 위로 올려 잡는다.

5. 바늘귀로 링 4개를 앞에서 뒤로 한 번에 통과한다. 이때 올려 잡은 실보다 바늘이 앞으로 나와야 한다.

6. 링 위쪽이 묶이도록 실을 위로 끝까지 잡아당긴다.

7. 레이지 데이지 시작점에 가깝도록 링의 뒤쪽 아래로 바늘을 넣어 마무리한다.

> **MINA'S TIP**
> 링 크기를 작고 일정하게 해야 예쁘게 완성됩니다. 마무리할 때 바늘을 레이지 데이지 시작점과 최대한 가깝게 넣어주어야 완성된 스티치가 예쁘게 자리 잡혀요.

페탈(B) 스티치

레이지 데이지 스티치의 변형으로 레이지 데이지의 고리를 한 번 교차한 기법이다. 작고 섬세한 꽃잎이나 꽃봉오리를 표현하기 좋다. 스티치 하나를 단독으로 사용하거나 여러 개를 수놓아 면을 채울 때 활용한다.

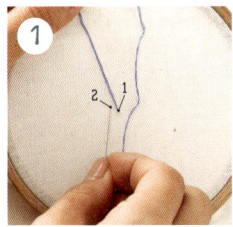
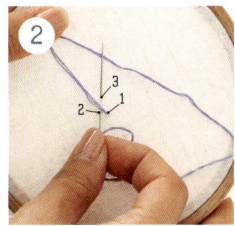

시작점 ①로 나와 실을 위로 올려 잡고 ①과 교차시켜 ②로 넣는다.

③으로 빼서 위로 끝까지 당긴다. 이때 올려 잡은 실보다 바늘이 앞으로 오게 한다.

교차된 고리가 만들어지면 고리 바깥쪽 ④로 넣어 마무리한다.

바스켓 스티치

바구니가 엮인 모양으로 수놓은 기법이다. 일반적으로 바구니를 수놓거나 넓은 면을 채울 때 활용한다. 바스켓 스티치를 완성한 후 테두리를 아웃라인 스티치나 백 스티치 등으로 한 줄 수놓으면 매무새가 깔끔하다.

> **MINA'S TIP**
> 가로줄을 계속 밀어 올려 수평을 맞춰가며 엮어야 스티치가 고르게 완성됩니다.

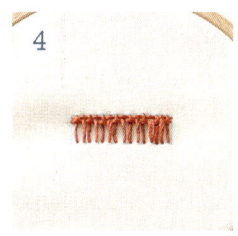

사진과 같이 도안을 그리고 세로줄은 모두 한 줄씩 한 땀으로 스트레이트 스티치 한다.

가로줄 시작점인 ①로 나와 세로로 수놓은 실을 한 줄 위로 한 줄 아래로 교차하며 통과해서 반대편 끝 점 ②로 들어간다.

②의 바로 아래 ③에서 나와 윗단과 반대로 실을 아래위로 교차하며 통과한다.

④로 넣어 또 한 줄 마무리하고, 같은 방법으로 반복해서 실을 엮어 바스켓 스티치를 완성한다.

레이즈드 리프 스티치(우븐 피콧 스티치)

대표적인 입체 자수 기법 중 하나로 아주 입체적인 꽃이나 잎사귀를 표현할 때 사용한다. 실로 홀수의 뼈대를 만들고 그 뼈대를 바스켓 스티치 방법으로 엮어 원단과 분리된 잎을 만드는 기법이다. 보통 뼈대 3줄로 만들지만, 5줄로 변형하여 넓은 잎을 만들 수 있다.

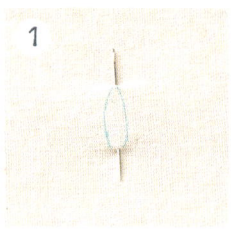

1

도안을 그리고 여분의 바늘로 꽂아 반 가른다.

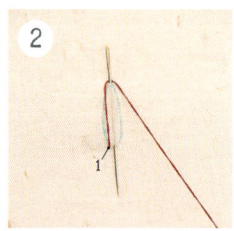

2

잎 왼쪽 아래 ①에서 나와 꽂아둔 바늘에 실을 건다.

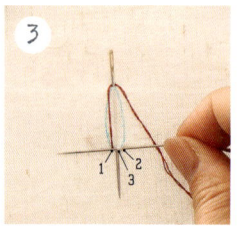

3

잎 오른쪽 아래 ②로 넣으면서 잎 중간 아래 ③으로 뺀다.

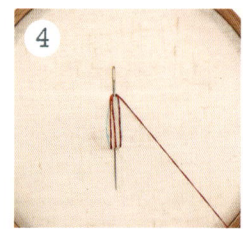

4

③에서 뺀 실을 바늘에 한 번 더 걸어 세 가닥의 뼈대를 만든다.

5

바스켓 스티치를 하듯이 오른쪽부터 왼쪽으로 가며 세 가닥의 뼈대가 되는 실을 첫 번째 실은 아래로, 두 번째 실은 위로, 세 번째 실은 아래로 서로 얽히게 엮어 세게 당겨 조인다.

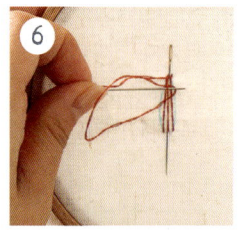

6

반대로 왼쪽에서 오른쪽으로 가며 위-아래-위로 윗단과 엇갈리게 엮는다.

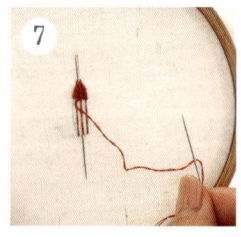

7

뼈대로 만든 실이 안보일 때까지 빽빽하게 엮어 채우고 바늘을 원단 아래로 넣어 매듭짓는다.

> **MINA'S TIP**
> 실을 엮을 때 좌우로는 당기지 않게 주의하고, 위쪽으로 타이트하게 밀어 올리며 엮어야 잎이 예쁘고 견고해요.

INTRO 수놓기 전에

브레이드 스티치

꼰 끈이라는 뜻으로 바늘에 실을 걸어 원단을 떠내며 수놓는다. 테두리를 장식하거나 여성스럽고 고급스러운 선을 표현하기 적합하다. 실을 꼬아 수놓는 기법이므로 너무 땀이 크거나 스티치 사이의 간격이 넓거나, 혹은 실이 다른 방향으로 살짝만 조여져도 스티치가 흐트러지니 신중하게 수놓는다.

1 원하는 폭으로 도안선을 두 줄 그린 뒤 왼쪽 시작점 ①에서 나온다.

2 실 앞에 바늘을 두고 몸쪽으로 실을 한 번 감는다.

3 오른쪽 시작점 ②로 바늘을 넣고 왼쪽 아래 ③으로 빼며 꽂아둔다.

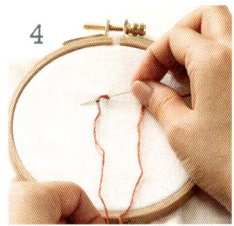

4 꽂아둔 바늘에 실을 위에서 아래로 걸어준다.

5 실을 아래로 팽팽하게 당겨 잡고 화살표 방향으로 바늘을 뺀다. 이때 실이 다른 방향으로 당겨지지 않도록 주의한다.

6 실 앞에 바늘을 두고 몸쪽으로 실을 한 번 감는다. 이때 실이 위쪽으로 당겨지지 않도록 주의한다.

7 ②보다 살짝 아래 ④로 바늘을 넣는다.

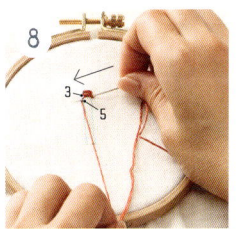

8 ③보다 살짝 아래 ⑤로 빼서 꽂아두고 실을 위에서 아래로 걸고 바늘을 왼쪽으로 뺀다.

9 같은 방법으로 수놓아 브레이드 스티치를 완성한다.

태슬(A) 만들기

원단에 직접 연결된 태슬을 만드는 방법이다. 만드는 방법이 매우 간단하고 옷이나 다양한 자수 소품에 달면 예쁘고 매력적이다. 실의 볼륨과 길이에 따라 느낌이 다르므로 개성 있게 활용한다.

1. 태슬을 달아줄 위치 ①로 나와 거의 한 점인 ②로 넣고 ③으로 뺀다.

2. 원하는 태슬 길이보다 살짝 길게 남기고 실을 당겨 고리를 만든다.

3. 원하는 태슬의 볼륨만큼 반복해서 고리를 만든다.

4. 만든 고리를 한 번에 잡고 남은 실로 위쪽을 3~4번 조여 감는다.

5. 바늘을 시작점 ①에 가깝게 넣어 원단 뒷면에서 매듭을 지어 마무리한다.

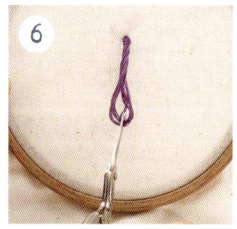

6. 실 끝을 가위로 자른다.

7. 꼬리 빗으로 실을 살살 빗어 정리한다. 이때 실이 반듯하게 펴지지 않으면 물을 살짝 묻혀 빗는다.

8. 원하는 태슬 길이만큼 남기고 가위로 반듯하게 자른다.

INTRO 수놓기 전에

태슬(B) 만들기

독립된 태슬은 다양하게 활용할 수 있다. 원단과 분리되어 흔들림이 있는 태슬을 만들어 액세서리는 물론 모든 소품에 두루두루 활용한다.

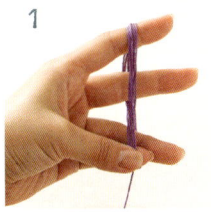

1

원하는 태슬 길이의 2배, 볼륨은 반으로 여유 있게 실을 감는다.

2

여분의 실을 20cm 길이로 잘라 감아놓은 실의 중간을 2번 꽉 조여 묶는다.

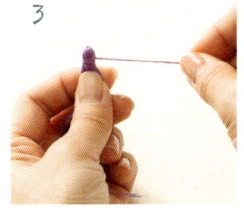

3

묶어둔 실뭉치를 반으로 접어 윗부분을 깔끔하게 포개 잡은 뒤, 태슬 머리 부분을 남기고 아래쪽에서 3~4바퀴 최대한 단단하게 감는다.

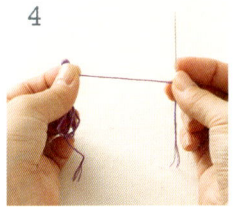

4

감고 남은 실에 바늘을 끼운다.

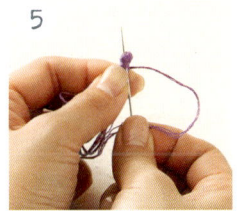

5

가로로 묶은 부분의 안쪽으로 바늘을 넣어 태슬 머리 위쪽으로 끝까지 뺀다.

6

실 끝을 가위로 자른다.

7

실에 살짝 물을 묻히고 꼬리빗으로 빗은 뒤 실 끝을 반듯하게 잘라 완성한다.

PART 1

자수는 실로 그리는 그림입니다. 오늘은 소중한 이름을
수놓으면 어떨까요? 알파벳 한 글자를 정갈하게 수놓아
마음을 담아도 좋고요, 꽃잎, 새, 나비… 귀여운 모티프를
활용해 글자에 개성을 더해도 좋습니다. 끌리는 서체와
어울리는 실 컬러 톤을 고르는 재미도 쏠쏠합니다. 요모조모
활용하기 참 좋은 알파벳 26글자를 만들어 봐요.

한 글자 자수

첫 번째 글자를 수놓다
DECORATIVE

A

PART 1 한 글자 자수

B C
D

고전적인 느낌이 드는 알파벳 서체를 검정실로 수놓았습니다. 원하는
이니셜을 골라 깔끔하고 세련된 느낌의 알파벳 자수로 수놓으면
포인트가 되어 멋스러워요. 무채색 계열의 실을 사용해 클래식합니다.

HOW TO PREPARE

준비물 베이지색 린넨
사용한 실 DMC 25번사 310
활용한 기법 새틴 · 아웃라인

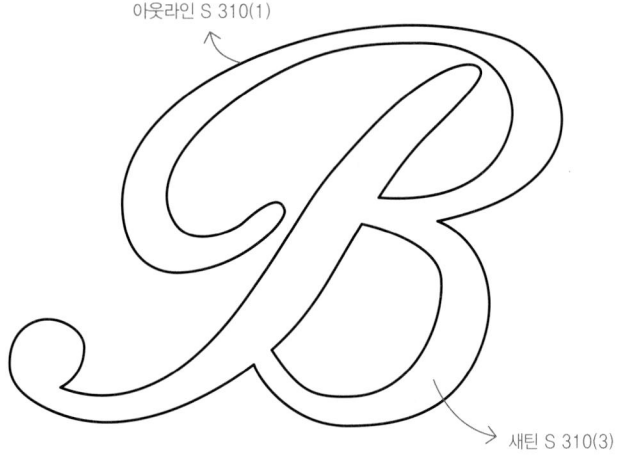

아웃라인 S 310(1)

새틴 S 310(3)

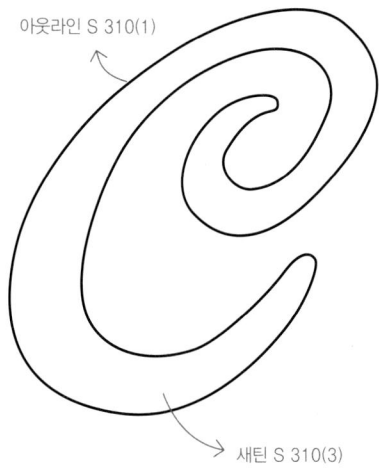

아웃라인 S 310(1)

새틴 S 310(3)

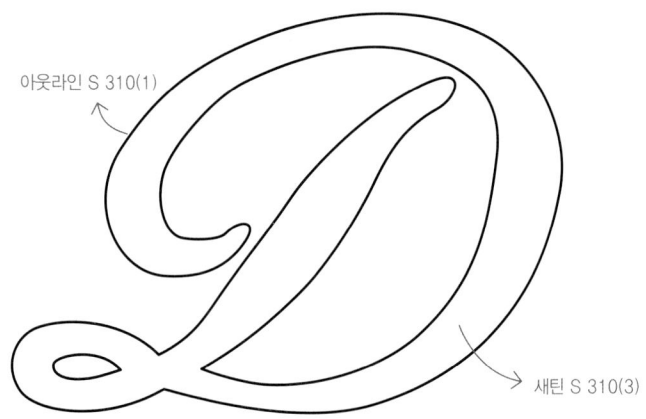

아웃라인 S 310(1)

새틴 S 310(3)

PART 1 한 글자 자수

𝒜 알파벳 A 수놓기

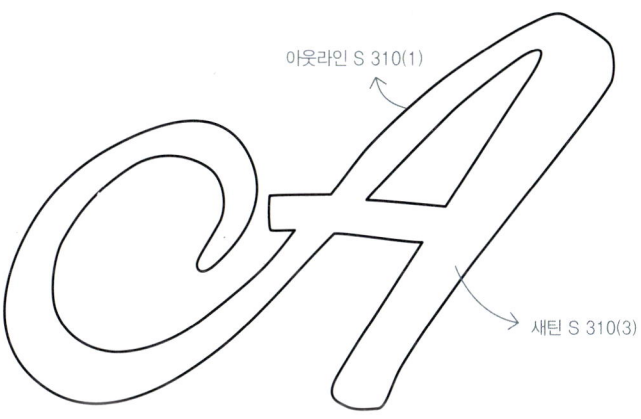

아웃라인 S 310(1)

새틴 S 310(3)

HOW TO MAKE

1 수놓을 원단 위에 도안과 먹지를 대고 도안을 따라 그린다.

2 새틴 스티치로 촘촘히 수놓아 채운다.

3 새틴 스티치가 완성되면 테두리를 아웃라인 스티치한다.

두 번째 글자를 수놓다
BOTANICAL

E

PART 1 한 글자 자수

F G
H I

꽃과 나뭇잎 등 식물에서 영감받은 디자인으로 알파벳을
수놓았어요. 제 수업의 수강생들이 가장 좋아하는 서체입니다.
심플하면서도 아기자기한 알파벳을 파스텔 계열 실로 은은하게
스티치해 매력적이에요. 디자인적인 요소가 풍부해 의상이나
패션 소품 등에 수놓으면 멋져요.

HOW TO PREPARE

준비물 수틀, 흰색 린넨
사용한 실 DMC 25번사
알파벳 E(3820, 3825, 733)
알파벳 F(937, 3743)
알파벳 G(151, 3733, 760, 3364)
알파벳 H(554, 210, 327, 3045, 732, 372)
알파벳 I(159, 793, 160, 372, 3012)
알파벳 i(3687, 225, 472)
활용한 기법 알파벳 E(코럴 · 스파이더 웹 로즈 · 리프)
알파벳 F(아웃라인 · 프렌치 노트 · 새틴 · 리프)
알파벳 G(블리온 로즈 · 아웃라인 · 리프)
알파벳 H(페탈 · 아웃라인 · 스트레이트 · 레이지 데이지)
알파벳 I(블리온 · 프렌치 노트 · 아웃라인 · 아웃라인 필링)
알파벳 i(립드 스파이더 웹 · 프렌치 노트 · 피시본)

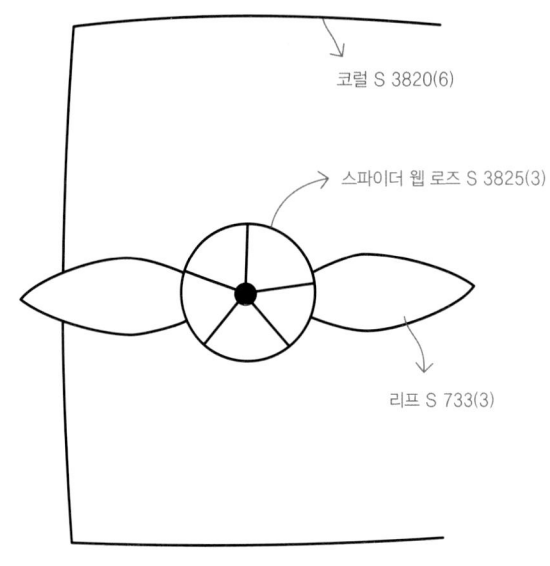

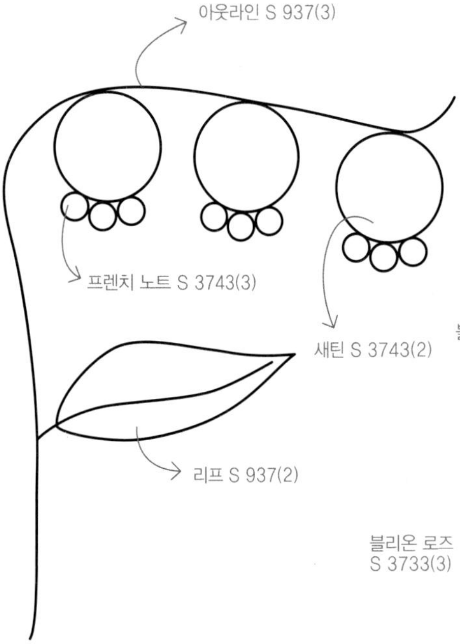

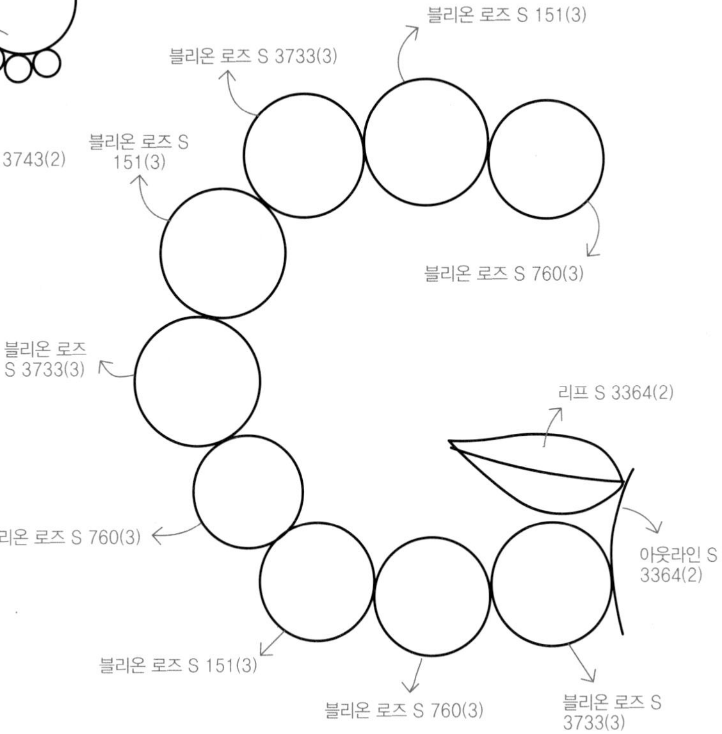

PART 1 한 글자 자수

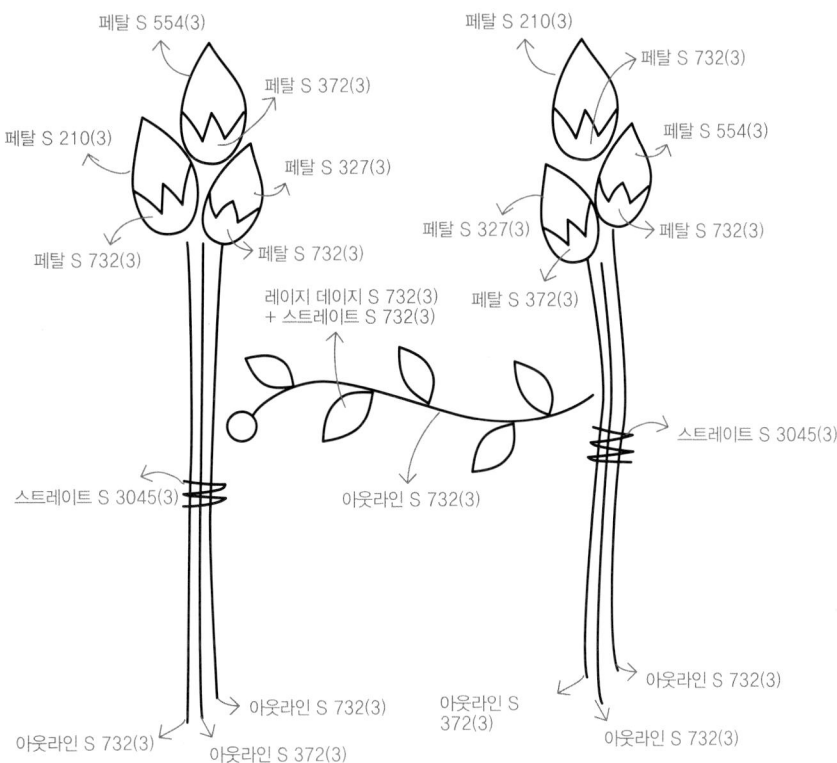

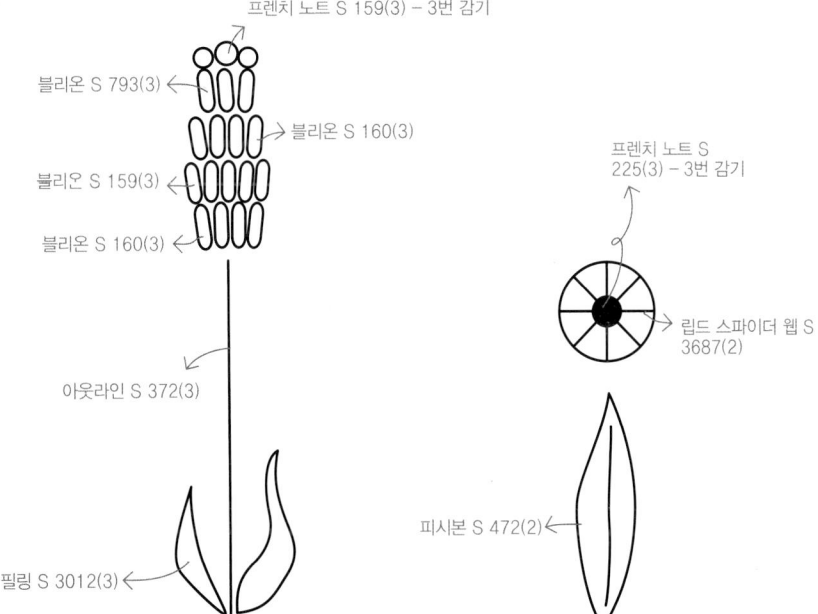

053

알파벳 E 수놓기

HOW TO MAKE

1 원단 위에 도안을 그린다.

2 시작점에서 바늘을 빼고 그려놓은 선만 바늘로 집는다.

3 실로 바늘 위쪽을 반시계 방향으로 한 바퀴 감는다.

4 감긴 부분을 손끝으로 눌러 잡고 바늘을 위로 뽑는다.

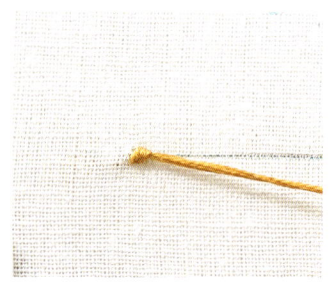

5 실을 오른쪽으로 살살 당겨 매듭 모양을 정리한다.

6 같은 방법으로 코럴 스티치해 테두리를 완성한다.

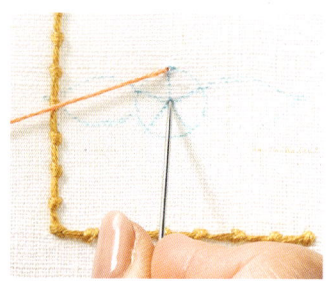

7 바깥쪽에서 바늘을 빼 중심으로 들어가며 원을 등분한다.

PART 1 한 글자 자수

8   스트레이트 스티치로 원을 5등분 해 완성했다.

9   원의 중심에서 살짝 비켜 바늘을 뺀다.

10 바늘귀 쪽으로 등분선 한 줄은 아래로 통과하고 한 줄은 위로 통과시켜 건너뛰며 엮는다.

11 등분한 선이 보이지 않을 때까지 감은 후 아래쪽으로 바늘을 넣어 스파이더 웹 로즈 스티치를 완성한다.

12 나뭇잎 끝에서 수직으로 한 땀 스트레이트 스티치해 나뭇잎 끝 모양을 뾰족하게 잡는다.

13 왼쪽 선에서 바늘을 빼 실을 아래로 내려 잡고 오른쪽 선으로 바늘을 넣으며 가운데 아래 스트레이트 스티치가 끝나는 점으로 뺀다.

14 살짝 아래로 바늘을 넣는다.

15 같은 방법으로 리프 스티치를 해 잎을 완성한다.

055

세 번째 글자를 수놓다
HANDWRITING

J

PART 1 한 글자 자수

K
L

· 펜촉에 잉크를 찍어 흘려 쓴 것 같은 느낌의 서체예요.
스트라이프 원단에 수놓아 가늘고 심플한 서체의 멋을
표현했어요. 이름이나 좋아하는 문구를 수놓아 아날로그
감성을 드러내기 좋습니다.

HOW TO PREPARE

준비물 스트라이프 린넨
사용한 실 DMC 25번사 814
활용한 기법 코럴

코럴 S 814(6)

코럴 S 814(6)

코럴 S 814(6)

PART 1 한 글자 자수

✐ 알파벳 J 수놓기

코럴 S 814(6)

HOW TO MAKE

1 원단 위에 도안을 옮겨 그린다. 시작점으로 바늘을 빼 그려놓은 선만 바늘로 살짝 집는다.

2 코럴 스티치를 간격 없이 타이트하게 반복해 수놓는다.

네 번째 글자를 수놓다
JEWELRY

M

PART 1 한 글자 자수

```
N  O
P
```

왕관, 하트, 별, 다이아몬드 등의 모티프를 더해 아기자기하고
귀여운 느낌의 알파벳 서체를 만들었어요. 비슷한 컬러의
실을 톤온톤 매치해서 로맨틱한 느낌을 살렸는데 보색 컬러를
활용하면 개성 있는 분위기를 연출할 수 있어요.

HOW TO PREPARE

준비물 흰색 린넨
사용한 실 DMC 25번사
알파벳 m(E168, 964, 992, 739)
알파벳 n(744, 893, 3825, 3708, 893)
알파벳 o(3768, 415, 209, 333, 3841)
알파벳 p(3821, 535, 318, 739)
활용한 기법 알파벳 m(새틴 · 프렌치 노트 · 휘프트 러닝 · 아웃라인 필링 · 스트레이트)
알파벳 n(새틴 · 휘프트 러닝 · 아웃라인 필링 · 스트레이트)
알파벳 o(스트레이트 · 새틴 · 아웃라인 필링 · 휘프트 러닝)
알파벳 p(새틴 · 스트레이트 · 아웃라인 필링 · 휘프트 러닝)

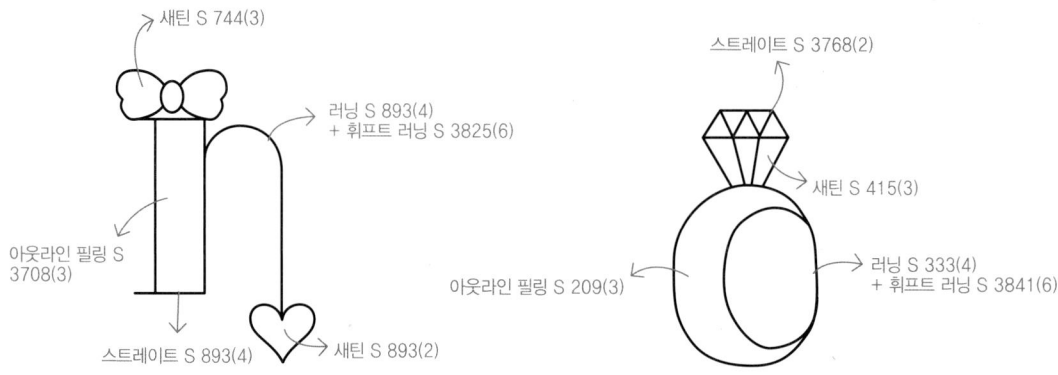

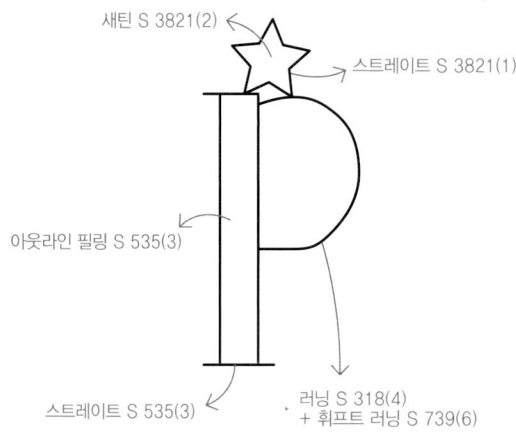

PART 1 한 글자 자수

알파벳 m 수놓기

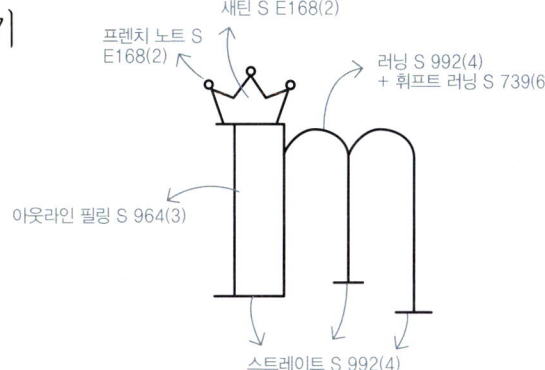

새틴 S E168(2)
프렌치 노트 S E168(2)
러닝 S 992(4) + 휘프트 러닝 S 739(6)
아웃라인 필링 S 964(3)
스트레이트 S 992(4)

HOW TO MAKE

1 원단 위에 도안을 옮겨 그린다. 먼저 아웃라인 필링 스티치로 면을 채운다.

2 선을 따라 러닝 스티치한다.

3 아웃라인 필링 스티치한 아랫부분을 스트레이트 스티치한다.

4 러닝 스티치 위에 휘프트 러닝 스티치한다.

5 왕관은 촘촘하게 새틴 스티치한다.

6 왕관의 꼭짓점 부분에 프렌치 노트 스티치한다.

다섯 번째 글자를 수놓다
DINGBAT

Q

PART 1 한 글자 자수

R S
  T

알파벳과 새를 조합해서 한 글자만으로
충분히 멋스러운 알파벳 서체를 디자인해보았어요.
폰트 자체에 그림이나 패턴을 디자인하면 독특한 느낌이
들어요. 포인트를 주고 싶은 글자에 활용해보세요.

HOW TO PREPARE

준비물 베이지색 · 카키색 린넨
사용한 실 DMC 25번사
알파벳 Q · q(333, 518, 645, 939, 519, 612, 화이트)
알파벳 R(645, 3771, 3774, 437, 3830 · 3371)
알파벳 S(645, 970, 838, 3822, 3779, 3350)
알파벳 T · t(645, 422, 728, 814, 375, 720, E3821)
활용한 기법 **알파벳 Q · q**(아웃라인 필링 · 새틴 · 롱앤숏 · 플라이 · 스트레이트 · 백)
알파벳 R(플라이 · 스트레이트 · 롱앤숏 · 새틴)
알파벳 S(플라이 · 스트레이트 · 레이지 데이지 · 새틴 · 롱앤숏)
알파벳 T · t(플라이 · 스트레이트 · 새틴 · 롱앤숏)

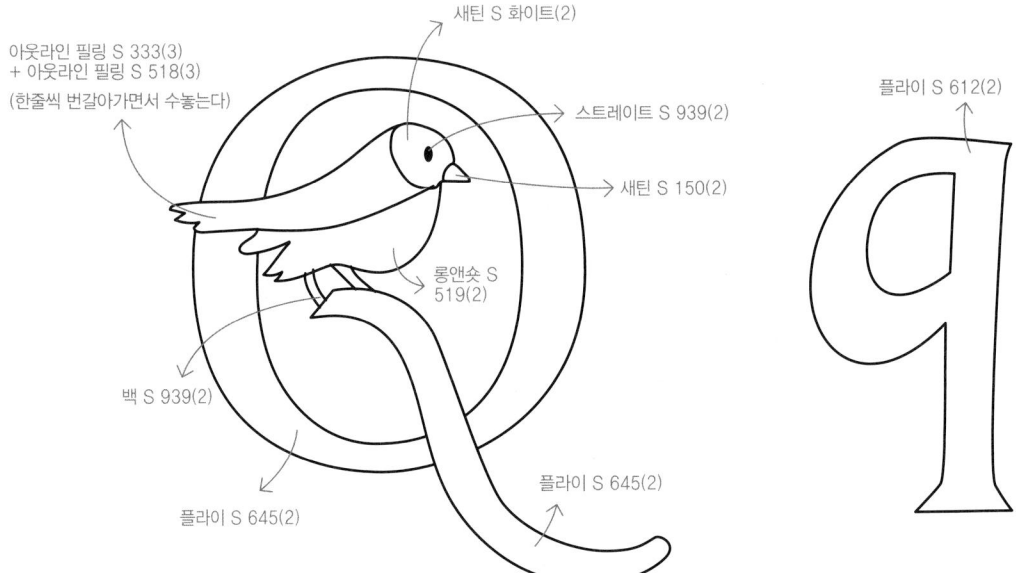

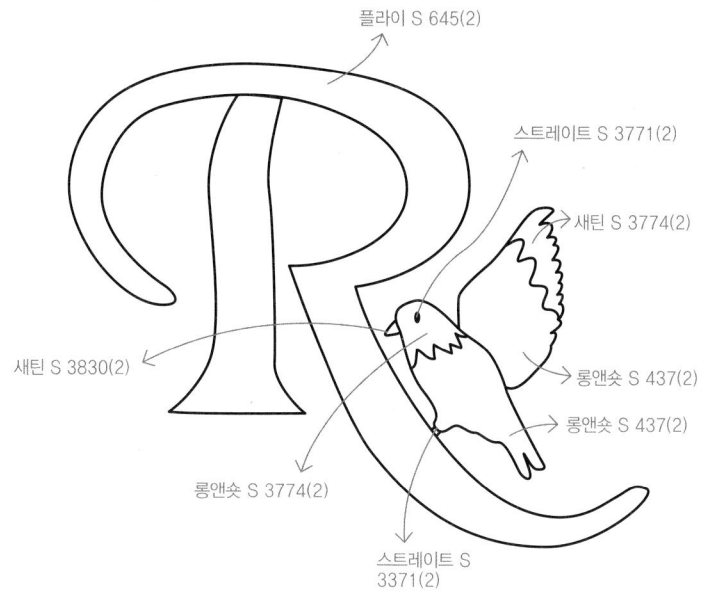
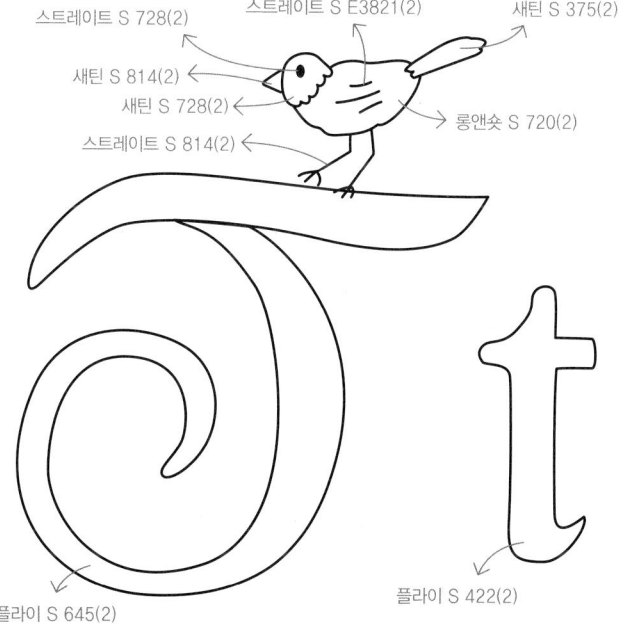

알파벳 S 수놓기

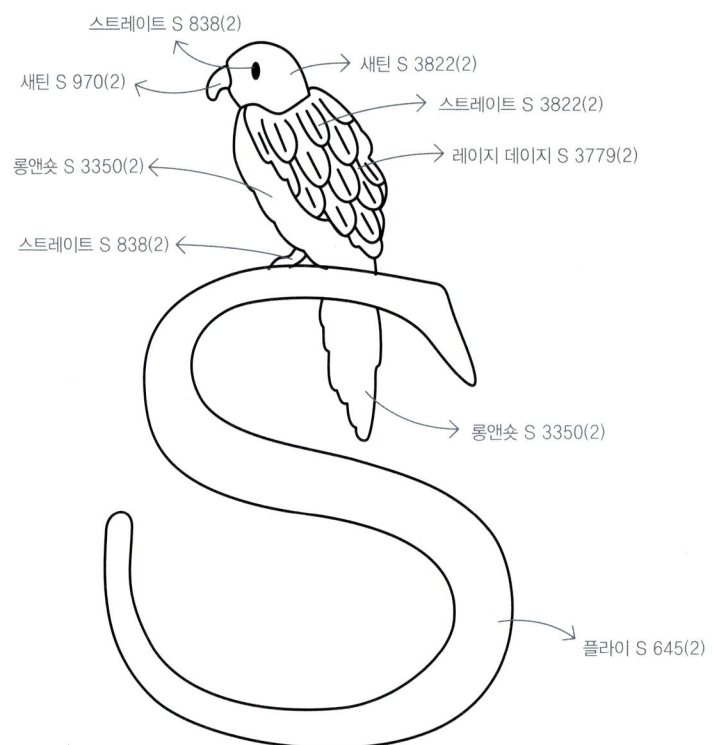

- 스트레이트 S 838(2)
- 새틴 S 970(2)
- 새틴 S 3822(2)
- 스트레이트 S 3822(2)
- 롱앤숏 S 3350(2)
- 레이지 데이지 S 3779(2)
- 스트레이트 S 838(2)
- 롱앤숏 S 3350(2)
- 플라이 S 645(2)

HOW TO MAKE

1 원단 위에 도안을 옮겨 그린다.

2 'S'가 시작되는 부분부터 플라이 스티치를 시작한다.

3 플라이 스티치 안쪽의 비어 있는 부분도 플라이 스티치로 채운다.

PART 1 한 글자 자수

4 글자 전체를 플라이 스티치한다.

5 새의 머리 부분은 새틴 스티치 한다.

6 눈은 스트레이트 스티치로 짧게 수놓는다.

7 새의 부리는 새틴 스티치한다.

8 새의 날개는 레이지 데이지 스티치한다.

9 레이지 데이지 스티치 안쪽은 스트레이트 스티치로 채운다.

10 새의 꼬리와 몸은 롱앤숏 스티치한다.

여섯 번째 글자를 수놓다
GRAPHIC

U

PART 1 한 글자 자수

V
W

심플한 알파벳 서체의 안쪽을 여러 가지 패턴으로 채워 수놓았어요.
단순한 기법으로 기하학적인 느낌의 패턴을 만들었습니다. 다양한 컬러
조합으로 유니크하고 이국적인 느낌을 주었어요. 기본 스티치를 익힐 때나
색 조합을 연습할 때 활용해도 좋을 것 같아요.

HOW TO PREPARE

준비물 그레이색 린넨
사용한 실 DMC 25번사
알파벳 U(3771, 3817, 159, 3855, 962, 554)
알파벳 V(902, 435, 3052, 3023, 3821, 3740)
알파벳 W(333, 3846, 3814, 917, 3854, 947)
활용한 기법 알파벳 U(스트레이트 · 프렌치 노트 · 아웃라인 · 플라이 · 체인)
알파벳 V(아웃라인 · 스트레이트 · 페더 · 프렌치 노트 · 플라이)
알파벳 W(플라이 · 아웃라인 · 크로스 · 프렌치 노트 · 스트레이트)

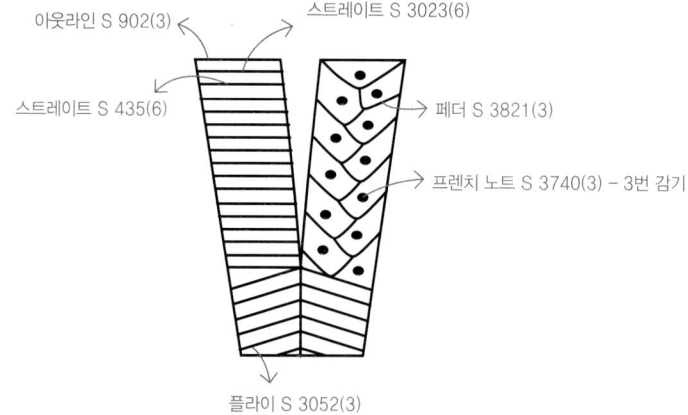

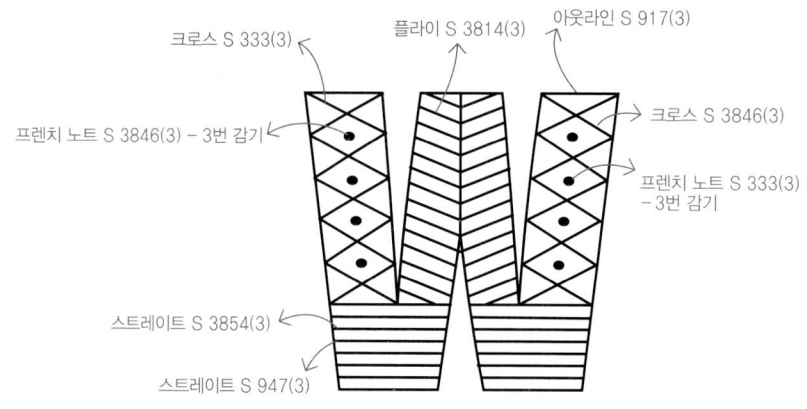

PART 1 한 글자 자수

알파벳 U 수놓기

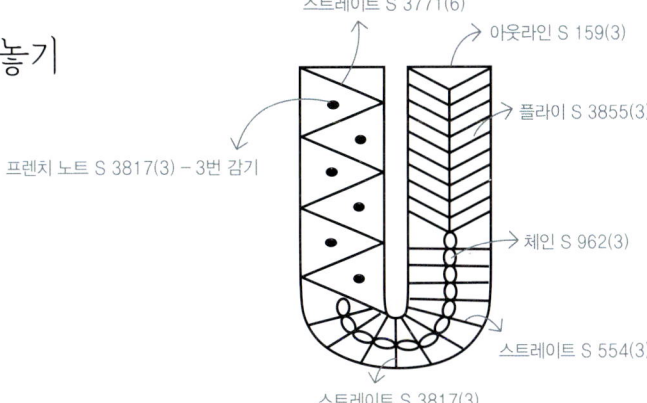

- 스트레이트 S 3771(6)
- 아웃라인 S 159(3)
- 플라이 S 3855(3)
- 프렌치 노트 S 3817(3) – 3번 감기
- 체인 S 962(3)
- 스트레이트 S 554(3)
- 스트레이트 S 3817(3)

HOW TO MAKE

1. 원단 위에 도안을 옮겨 그린 뒤 테두리를 아웃라인 스티치한다.

2. 지그재그 모양으로 스트레이트 스티치한다.

3. 삼각형 안쪽은 프렌치 노트 스티치를 하나씩 한다.

4. 넓은 간격으로 스트레이트 스티치하고 다른 색 실로 바꿔 사이사이 스트레이트 스티치한다.

5. 스트레이트 스티치 위에 곡선을 살려가며 체인 스티치한다.

6. 남은 부분은 플라이 스티치해 완성한다.

일곱 번째 글자를 수놓다
DRAW BORDERS

x

PART 1 한 글자 자수

Y
Z

글자에 테두리 장식을 해 특별하게 만들어 봤어요. 이니셜을 돋보이게 수놓고 싶을 때 기호나 상징처럼 표현해보세요. 줄기와 잎을 덩굴처럼 수놓아 내추럴할 느낌으로 글자에 포인트를 줄 수도 있어요. 알파벳 대신 의미 있는 숫자를 수놓아 소품에 활용해도 좋아요.

HOW TO PREPARE

준비물 살구색 린넨
사용한 실 DMC 25번사
알파벳 X(535, 902, 3787, E3821)
알파벳 Y(3012, 869, E3821)
알파벳 Z(3362, 823, E3821)
활용한 기법 알파벳 X(새틴 · 아웃라인 · 체인 · 러닝)
알파벳 Y(레이지 데이지 · 스트레이트 · 아웃라인 · 아웃라인 필링)
알파벳 Z(레이지 데이지 · 스트레이트 · 아웃라인 · 체인 · 러닝)

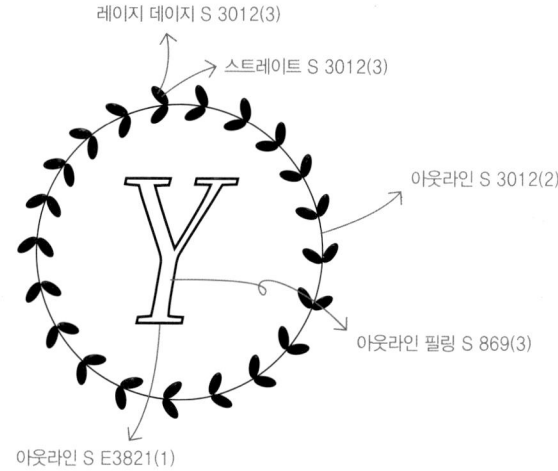

레이지 데이지 S 3012(3)
스트레이트 S 3012(3)
아웃라인 S 3012(2)
아웃라인 필링 S 869(3)
아웃라인 S E3821(1)

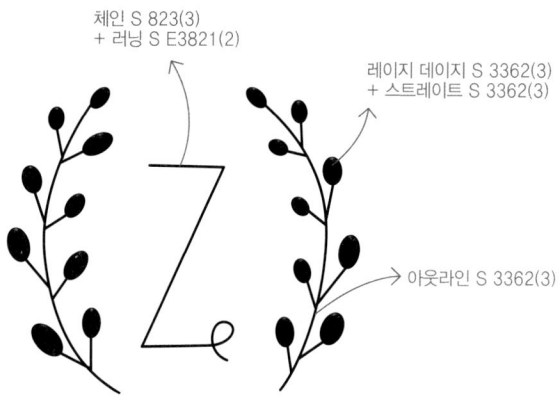

체인 S 823(3) + 러닝 S E3821(2)
레이지 데이지 S 3362(3) + 스트레이트 S 3362(3)
아웃라인 S 3362(3)

PART 1 한 글자 자수

알파벳 X 수놓기

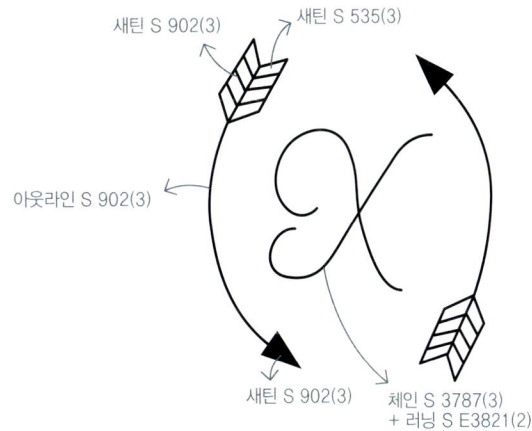

새틴 S 902(3)
새틴 S 535(3)
아웃라인 S 902(3)
새틴 S 902(3)
체인 S 3787(3)
+ 러닝 S E3821(2)

HOW TO MAKE

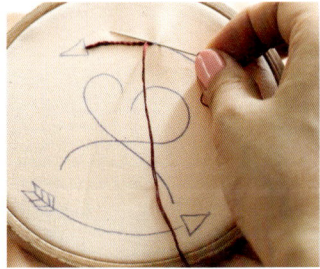

1 화살의 선은 아웃라인 스티치한다.

2 새틴 스티치로 화살의 끝부분을 채운다.

3 깃털을 새틴 스티치한다.

4 글자는 체인 스티치한다.

5 체인 스티치의 구멍으로 바늘을 넣고 다음 구멍을 나와 반복하여 러닝 스티치한다.

PART 2

한 땀 한 땀 곱게 수놓은 작품은 수틀에 끼워두어도 예쁘지만 소품에
수놓으면 매일 곁에 두고 쓸 수 있어 좋아요. 화이트 티셔츠에
컬러풀하게 글자를 수놓거나 펠트 등 독특한 원단에 글자를 수놓아
키링을 만들어보세요. 세상에 단 하나뿐인 핸드메이드 소품은 나를
더 돋보이게 해줄 거예요.

글자로 엮은
일상 소품

수틀 액자

잎과 줄기를 촘촘히 수놓아 패턴을 표현해봤어요. 알파벳 안쪽만 수놓거나 바깥쪽만 수놓으면 양각과 음각의 효과를 내 독특합니다. 완성된 자수 작품은 수틀에 끼워 액자로 활용하세요.

HOW TO PREPARE

준비물 연한 카키색 · 연두색 린넨
사용한 실 DMC 25번사 화이트
활용한 기법 아웃라인 · 프렌치 노트 · 레이지 데이지 · 스트레이트

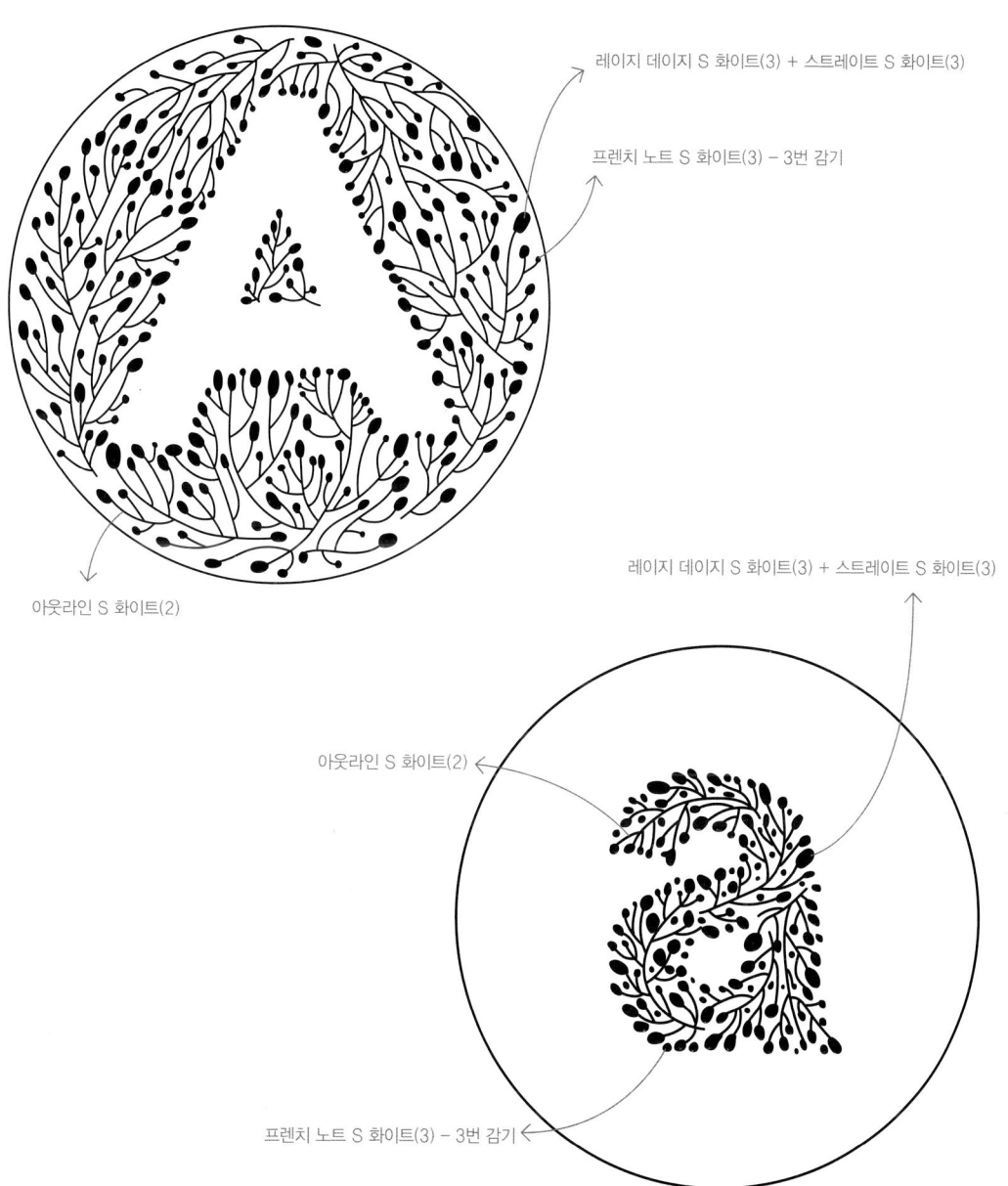

HOW TO MAKE

1 원단에 알파벳 도안을 옮긴 뒤 수성펜으로 도안을 그린다.

2 먼저 줄기를 아웃라인 스티치한다.

3 큰 열매는 레이지 데이지 스티치한다.

4 레이지 데이지 스티치 시작점에서 끝점까지 스트레이트 스티치해 채운다.

5 작은 열매는 프렌치 노트 스티치한다.

6 수를 마치면 원단을 수틀보다 4~5㎝ 정도 크게 자른 뒤 0.5㎝ 정도 안쪽에서 홈질한다.

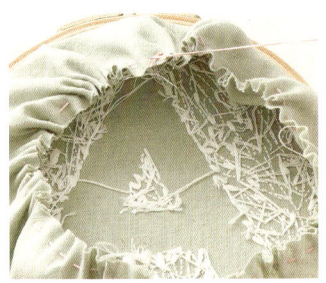

7 홈질한 실을 잡아당긴다.

8 끝까지 당겨 조여 마무리한다.

 와펜

옷이나 가방에 와펜을 달아 보세요. 조그마한 와펜 틀에 알파벳 이니셜을 수놓고 원하는 대로 배열하면 세상에 단 하나 뿐인 이름표가 탄생한답니다.

러브 와펜

HOW TO PREPARE

준비물 아이보리색 린넨, 브로치, 글루건, 재단 가위
사용한 실 DMC 25번사 3750, 939, 326, 3799, 791, 917, E3821
활용한 기법 카우칭 · 플라이 · 백 · 새틴 · 스트레이트 · 코럴 · 아웃라인

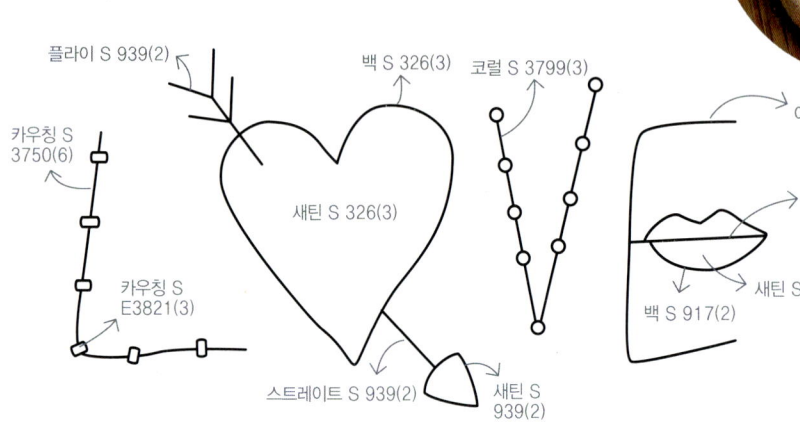

알파벳 와펜

HOW TO PREPARE

준비물 그레이색 린넨, 브로치, 글루건, 재단 가위
사용한 실 DMC 25번사 935, 838, 954, 304, 3021, 939
활용한 기법 백

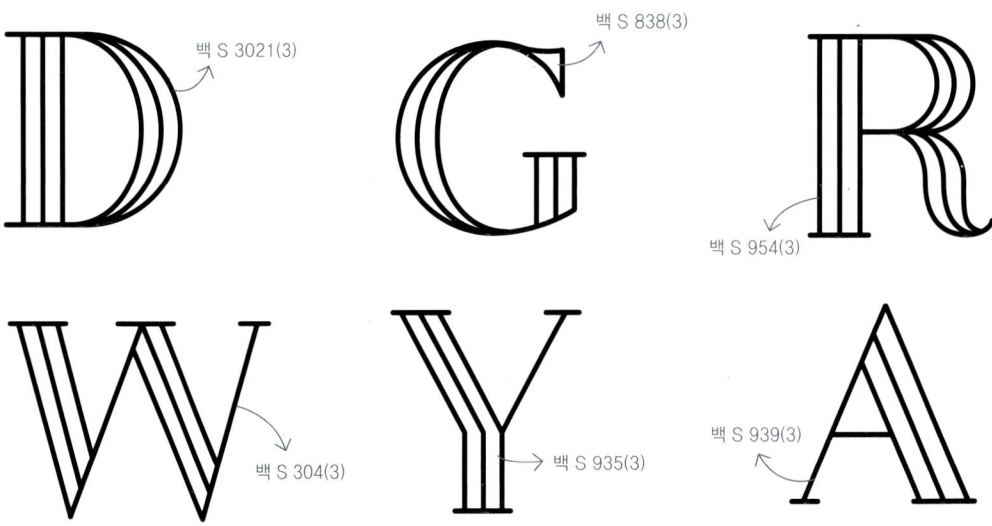

PART 2 글자로 엮은 일상 소품

HOW TO MAKE

1 원단 위에 브로치 앞판을 대고 테두리를 그린다. 안쪽에 원하는 도안을 그린다.

2 도안을 따라 백 스티치한다.

3 원단 테두리에서 2㎝ 정도 여유를 주고 둘레를 홈질한다.

4 수놓은 원단 뒷면에 브로치 앞판을 뒤집어 놓는다.

5 홈질한 실을 잡아당긴다.

6 브로치 앞판에 원단이 잘 감싸지도록 끝까지 당겨 조인다.

7 원단이 브로치에 완전히 밀착되도록 사방을 바늘질해 당겨서 매듭 짓는다.

8 브로치 뒤판에 글루건을 충분히 바르고 최대한 빨리 앞판과 붙여 완성한다.

085

 키링

포근한 펠트 원단 위에 이니셜을 수놓아 키링을 만들어 보세요. 테두리를 장식한 이니셜 키링은 손에 쥐고 자꾸 들여다보고 싶을 만큼 근사하답니다.

PART 2 글자로 엮은 일상 소품

HOW TO PREPARE

준비물 아이보리색·카키색 펠트, 키링, 컴퍼스, 재단 가위
사용한 실 DMC 25번사 310, 842, 648, E3821
활용한 기법 새틴·프렌치 노트·백·아웃라인

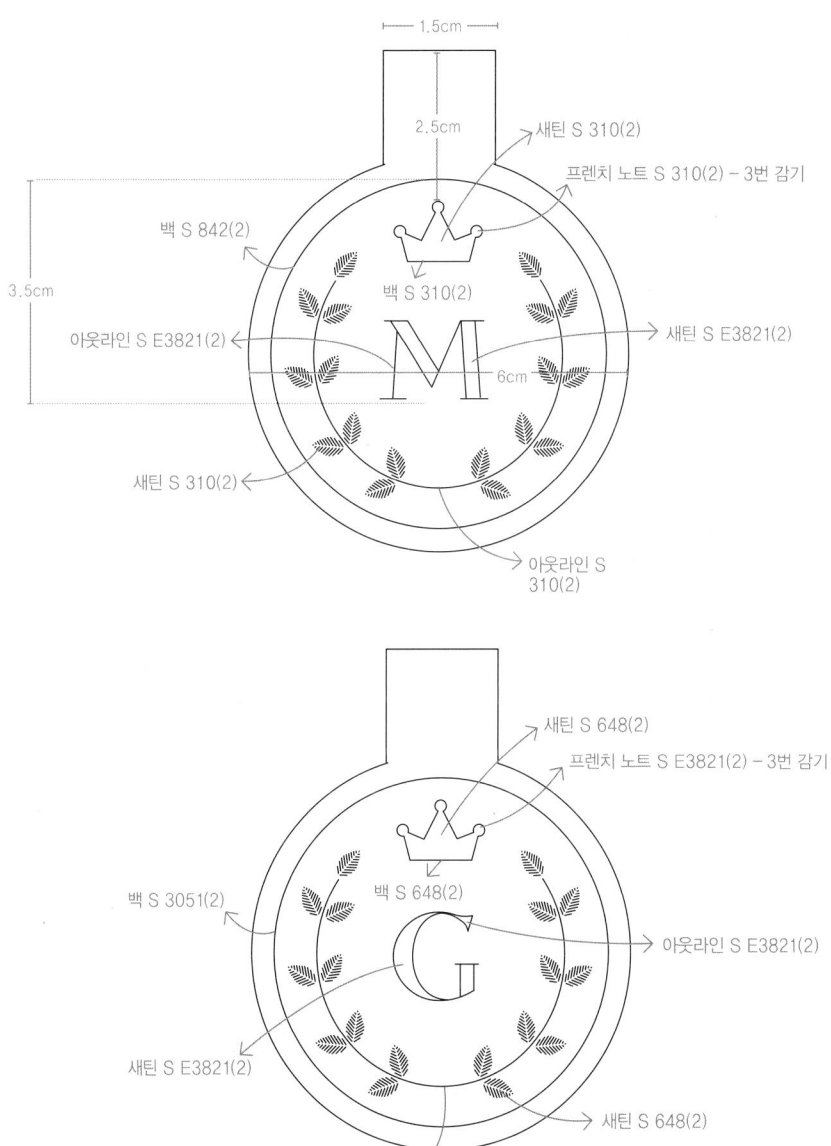

HOW TO MAKE

1 펠트 원단 위에 키링 도안을 그리고 가위로 자른다. 이때 도안은 양쪽으로 맞물리게 한 번에 그린다.

2 컴퍼스로 재단한 원보다 0.3㎝ 정도 작게 원을 그린다.

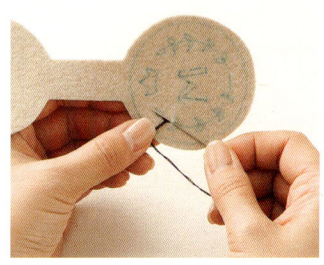

3 도안을 그리고 먼저 줄기부터 아웃라인 스티치한다.

4 잎은 새틴 스티치한다.

5 테두리가 완성되었다.

6 왕관은 새틴 스티치한다.

7 왕관의 꼭짓점마다 프렌치 노트 스티치를 3번 감아 수놓는다.

8 왕관 테두리를 백 스티치해 깔끔하게 정리한다.

9 글자의 얇은 부분은 아웃라인 스티치한다.

PART 2 글자로 엮은 일상 소품

10 글자의 두꺼운 부분은 새틴 스티치로 채운다.

11 펠트 한쪽을 살짝 접어 키링을 넣는다.

12 원의 위치를 맞춰 펠트를 반으로 포갠다.

13 펠트 두 겹을 한 번에 백 스티치로 고정하여 마무리한다.

 스냅백

자수실 대신 원단을 찢어 수놓으면 색다른 작품이 완성되어요. 모노톤의 스냅백에 리버티 원단으로 스티치해 세상에 단 하나뿐인 작품을 만들었습니다.

PART 2 글자로 엮은 일상 소품

HOW TO PREPARE

준비물 스냅백, 수성펜,
리버티 원단, 니퍼
사용한 실 DMC 25번사
흰색 모자(E990, E1010)
검정색 모자(158)
활용한 기법 휘프트 러닝

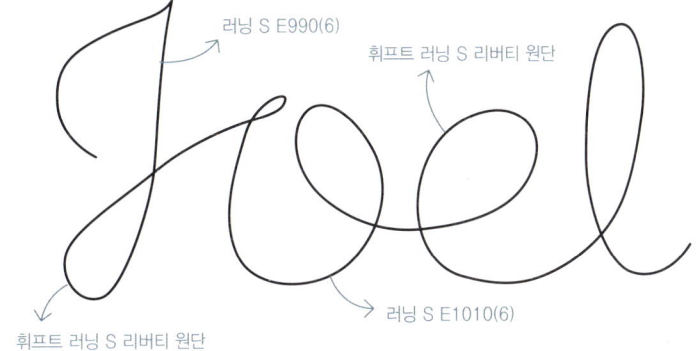

러닝 S E990(6)
휘프트 러닝 S 리버티 원단
휘프트 러닝 S 리버티 원단
러닝 S E1010(6)

HOW TO MAKE

1 어두운색 원단에는 흰색 수성펜으로 도안을 그린다.

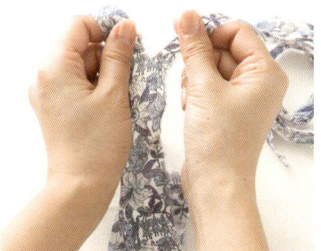

2 리버티 원단은 0.3㎝ 폭으로 찢는다.

3 도안을 따라 러닝 스티치한다.

4 모자 소재가 두꺼워 손으로 수놓기 어려울 때는 니퍼를 사용한다.

5 3호 바늘에 리버티 원단을 끼워 수놓은 러닝 스티치를 한 방향으로 감아주며 휘프트 러닝 스티치한다.

브레이슬릿

누구나 인생 문구가 있기 마련이죠.
원단 위에 문구를 수놓아 특별한 브레이슬릿을 만들어봤어요.
친구와 하나씩 나눠 가져도 좋지 않을까요.

HOW TO PREPARE

준비물 아이보리색·연한 하늘색 린넨, 접착심, 다리미, 버클, 드라이버
사용한 실 DMC 25번사 921, 311, 842
활용한 기법 크로스·백·체인

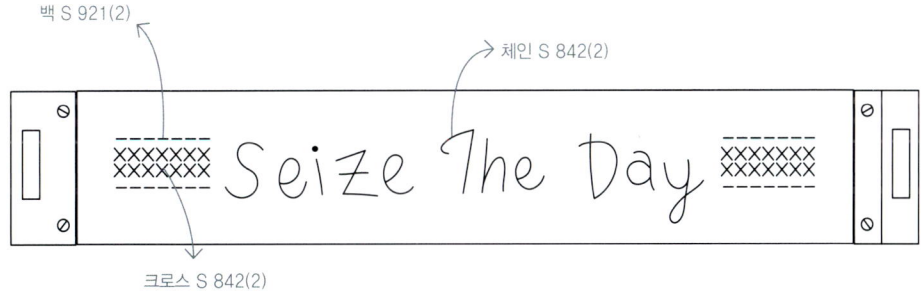

HOW TO MAKE

1 만들려는 팔찌 길이의 2배 폭으로 도안을 그린다.

2 장식 부분을 크로스 스티치한다.

3 가로줄은 백 스티치한다.

4 글자는 체인 스티치한다.

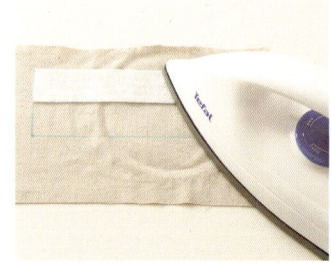

5 수놓은 원단 뒷면에 도안 크기의 접착심을 대고 다리미로 눌러 고정시킨다.

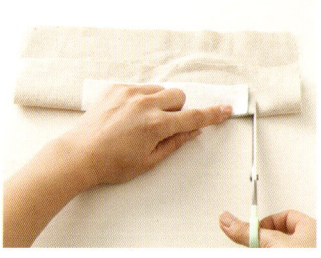

6 도안을 반으로 접어 사방 0.5cm 여유를 두고 두 겹을 한 번에 자른다.

7 붙여놓은 접착심 둘레를 창구멍을 남기고 박음질한다.

8 창구멍으로 원단을 뒤집고 공그르기한다.

9 드라이버(또는 뾰족한 칼)로 버클에 나사를 조여 완성한다.

 티코스터

간단한 스티치로 티코스터를 만들었어요. 펠트는 올풀림이 없어 마무리 과정이 간단하고 컬러감이 예뻐서 자주 쓰는 원단이에요. 이 방법을 응용해서 컵홀더나 화분 홀더를 만들어도 좋아요.

PART 2 글자로 엮은 일상 소품

HOW TO PREPARE

준비물 카키색·인디언핑크색·회색 펠트, 재단 가위
사용한 실 DMC 25번사 221, 781, 844
활용한 기법 러시안 체인·새틴·아웃라인

러시안 체인 S 781(2)
새틴 S 781(2)
아웃라인 S 781(2)

새틴 S 221(2)
아웃라인 S 221(2)
러시안 체인 S 221(2)

MINA'S TIP
• 먼저 글자를 새틴 스티치로 채우고 난 뒤 테두리를 아웃라인 스티치하세요.
• 러시안 체인 스티치는 레이지 데이지 스티치의 길이와 각도, 간격이 모두 일정해야 예뻐요.

아웃라인 S 844(2)
새틴 S 844(2)
러시안 체인 S 844(2)

097

 린넨 파우치

저는 두루두루 활용도가 높은 파우치를 정말 좋아해요. 색감이 세련된 린넨 파우치 앞면에는 예쁜 도안을, 뒷면에는 친구의 이니셜을 수놓았어요. 무엇보다 근사한 선물이 되겠지요?

CHN
....
KSH

왕관 파우치

HOW TO PREPARE

준비물 린넨 파우치, 네온컬러 끈
사용한 실 DMC 25번사 3846, 543, E3821
활용한 기법 새틴 · 아웃라인 · 아웃라인 필링

> **MINA'S TIP**
> 메탈릭사는 쉽게 끊어지고 갈라지므로 바느질이 까다로워요. 실을 끼우는 것이 번거롭더라도 짧게 잘라 사용해야 수놓는 시간이 단축되고 실도 절약할 수 있어요.

새틴 S 3846(2)
아웃라인 필링 S E3821(2)
아웃라인 S 543(1)
새틴 S 543(2)

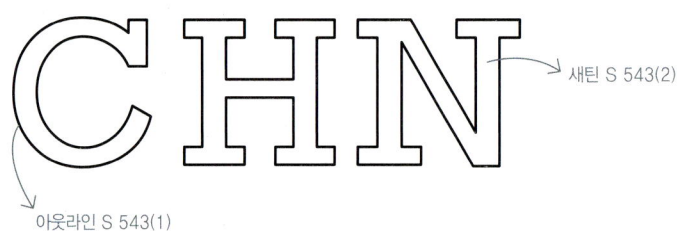

새틴 S 543(2)
아웃라인 S 543(1)

PART 2 글자로 엮은 일상 소품

깃털 파우치

HOW TO PREPARE

준비물 린넨 파우치, 네온컬러 끈
사용한 실 DMC 25번사 819, 543, 225, 3774, E168
활용한 기법 아웃라인 · 체인 · 새틴

MINA'S TIP
먼저 깃털 안쪽을 체인 스티치로 채우고 아웃라인 스티치로 테두리를 둘러야 깔끔하답니다.

아웃라인 S E168(2)
체인 S 3774(3)
아웃라인 S 3774(2)
아웃라인 S 225(1)
아웃라인 S E168(1)
체인 S E168(2)
아웃라인 S 819(2)
체인 S 819(3)

새틴 S 543(2)
아웃라인 S 543(1)

101

 **손거울** 취향을 담아 수놓은 손거울은 자꾸 꺼내 들여다보고 싶게 만들어요.
귀여운 일러스트를 수놓은 손거울은 아이들도 탐내는 인기 아이템이에요.

PART 2 글자로 엮은 일상 소품

HOW TO PREPARE

준비물 손거울 틀, 민트색 · 살구색 린넨, 글루건
사용한 실 DMC 25번사 734, 3013, 350, 3847, 3031, 989
활용한 기법 새틴 · 아웃라인 · 아웃라인 필링

MINA'S TIP
체리와 완두콩 열매를 수놓을 때는 실을 6가닥으로 가로, 세로 각각 2~3줄씩 바느질해 심지를 만든 뒤 새틴 스티치하면 볼륨감이 살아 훨씬 입체적이에요.

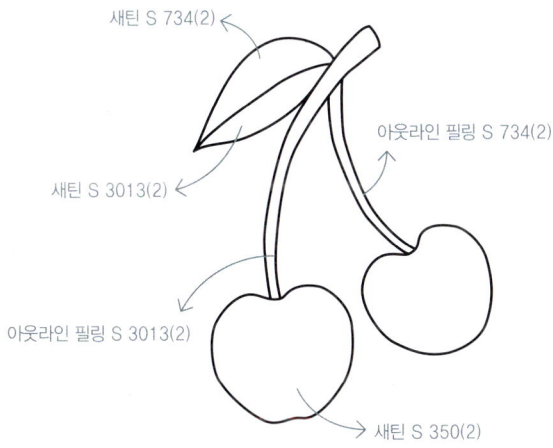

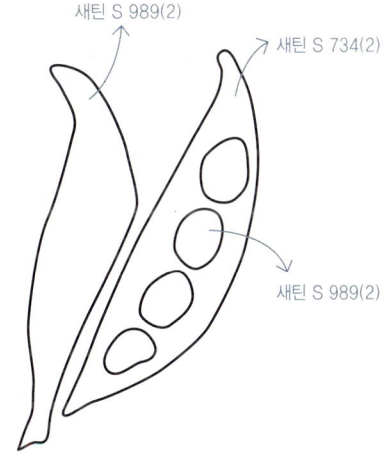

책갈피

직접 수놓은 책갈피는 책 읽는 시간을 더 즐겁게 만들어줍니다.
고풍스러운 서체와 장미 자수가 앤티크한 느낌을 살려주어 더욱
매력적이에요.

PART 2 글자로 엮은 일상 소품

HOW TO PREPARE

준비물 책갈피 틀, 베이지색 린넨, 글루건
사용한 실 DMC 25번사 310, 535, 309, 3345, 967, 731, 3354, E3821, E168
활용한 기법 아웃라인 · 아웃라인 필링 · 블리온 로즈 · 새틴

> **MINA'S TIP**
> 아웃라인 필링 스티치를 할 때는 바늘땀을 작게 해야 도안처럼 수 놓을 수 있고 촘촘하게 채워져요.

아웃라인 필링 S
310(2)

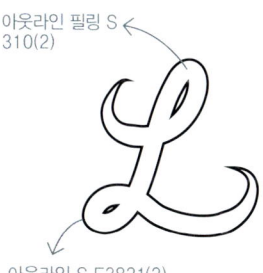

아웃라인 S E3821(2)

아웃라인 S E168(1)

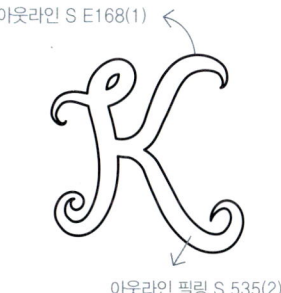

아웃라인 필링 S 535(2)

블리온 로즈 S 309(3)

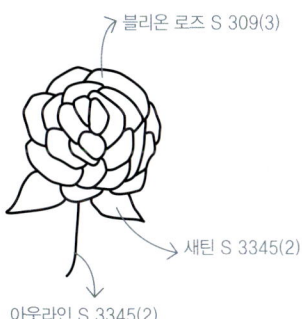

새틴 S 3345(2)

아웃라인 S 3345(2)

블리온 로즈 S 967(3)

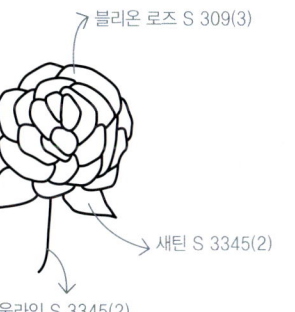

새틴 S 731(2)

블리온 로즈 S 3354(3)

> **MINA'S TIP**
> 블리온 로즈 스티치를 할 때는 너무 얇지 않은 바늘을 골라 실을 적당히 감아주세요. 이때 실을 타이트하게 감으면 바늘을 뽑기 어렵고, 꽃잎의 볼륨감이 살지 않아 스티치가 예쁘지 않으므로 주의하세요.

 ## 우산

비오는 날의 감성을 우산에 담아봤어요. 우산을 원단 삼아 스트레이트 스티치로 주룩주룩 내리는 빗방울을 표현했습니다. 센티멘털한 감성에 함께 물드는 것 같아요.

PART 2 글자로 엮은 일상 소품

HOW TO PREPARE

준비물 우산
사용한 실 DMC 25번사 341, 3852
활용한 기법 스트레이트 · 아웃라인 · 스타

MINA'S TIP

실을 당기면서 수놓으면 우산에 구멍이 생길 수 있어요. 가급적 실수 없이 한 번에 수놓아야 합니다.

아웃라인 S 3852(3)

스타 S 3852(3)

스트레이트 S 341(3)

 쿠션

한 가지 컬러의 실과 한 가지 기법으로 쿠션에 수놓아 심플하면서 세련된 느낌이 드네요. 자칫 밋밋할 수 있어 네 귀퉁이에 솜볼을 달아 포인트를 줬어요.

PART 2 글자로 엮은 일상 소품

HOW TO PREPARE

준비물 쿠션, 솜볼
사용한 실 애플톤 울실 993, 991
활용한 기법 체인

MINA'S TIP
울실 전용 바늘을 사용하세요. 일반 자수 바늘보다 바늘귀가 더 길고 커 수놓기 편해요. 체인 스티치로 곡선을 수놓을 때는 바늘땀을 작게 해야 매끄럽게 수놓아져요.

체인 S 993(2)

체인 S 991(2)

Always with you

109

스커트

필기체는 아날로그 감성을 표현하는데 좋아요. 스커트 밑단에 평소 좋아하는 팝송의 한 구절을 그대로 수놓았어요. 스커트나 모자에 빙 둘러 스티치하면 색다른 분위기가 연출됩니다.

PART 2 글자로 엮은 일상 소품

HOW TO PREPARE

준비물 스커트
사용한 실 DMC 25번사 310
활용한 기법 아웃라인

MINA'S TIP
세탁을 해야하는 물건에 프렌치 노트 스티치를 할 때는 마지막에 고정된 반대쪽을 실로 한 번 더 집어서 고정시키면 스티치가 견고하게 완성됩니다.

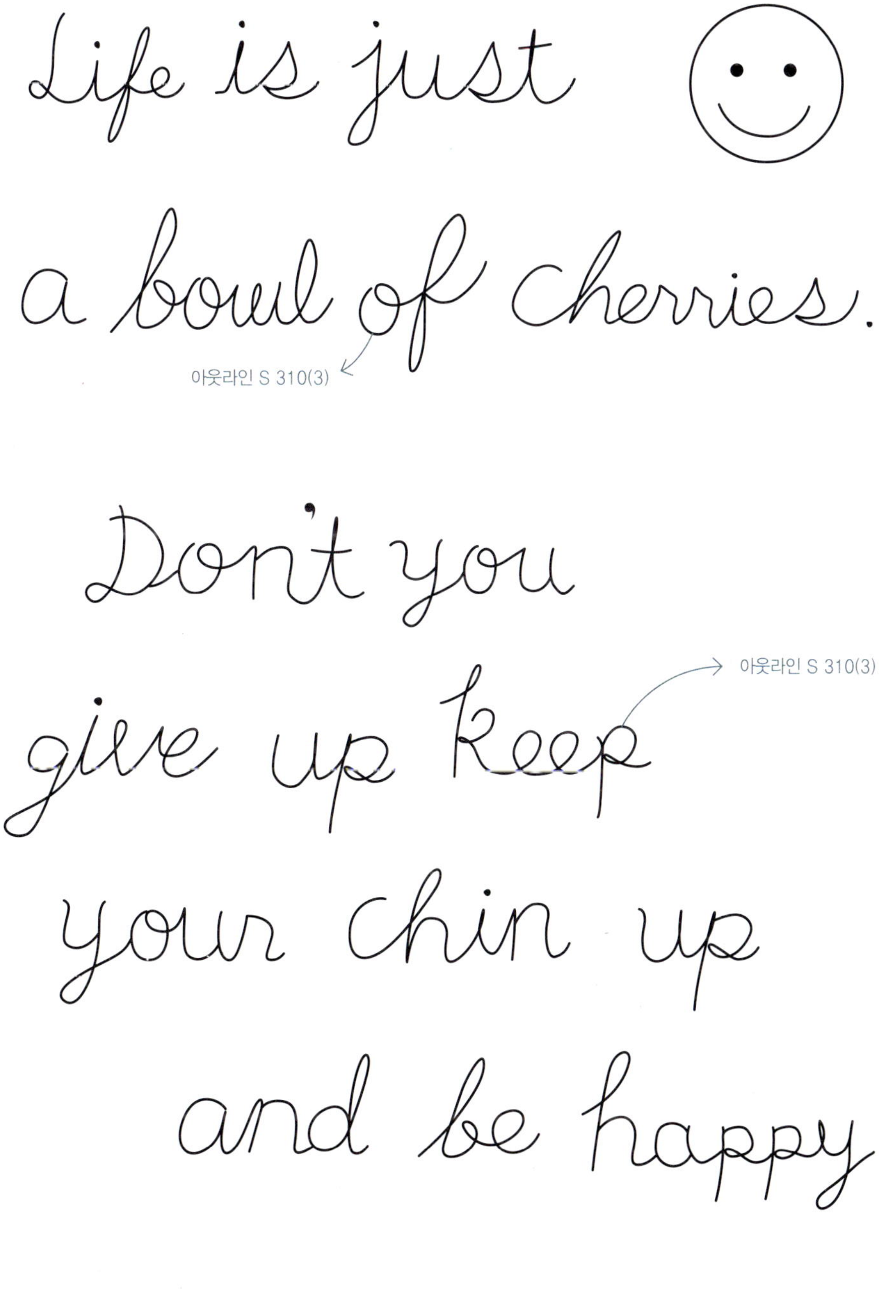

Life is just ☺

a bowl of cherries.

아웃라인 S 310(3)

Don't you

아웃라인 S 310(3)

give up keep

your chin up

and be happy

111

 **티셔츠** 하얀 캔버스 위에 그림을 그리듯, 깨끗한 무지 티셔츠 위에 수놓으세요. 카우칭 스티치로 컬러감을 살려 문구를 수놓았더니 캘리그래피한 듯한 느낌이 나네요. 가족이나 커플 티셔츠로 활용해도 제격입니다.

PART 2 글자로 엮은 일상 소품

봉주르 티셔츠

HOW TO PREPARE

준비물 티셔츠
사용한 실 DMC 25번사 943, 893, 971
활용한 기법 카우칭 · 새틴

새틴 S 971(3)
카우칭 S 893(6)
카우칭 S 943(12)

MINA'S TIP
카우칭 스티치를 할 때는 묶는 실의 간격을 너무 넓지 않게 하고, 중간 중간 안쪽에서 한 번씩 매듭을 지어서 실이 움직이지 않도록 고정시켜주세요.

주뗌므 티셔츠

HOW TO PREPARE

준비물 티셔츠
사용한 실 DMC 25번사 445, 3801, 208, 3809
활용한 기법 카우칭 · 새틴 · 프렌치 노트

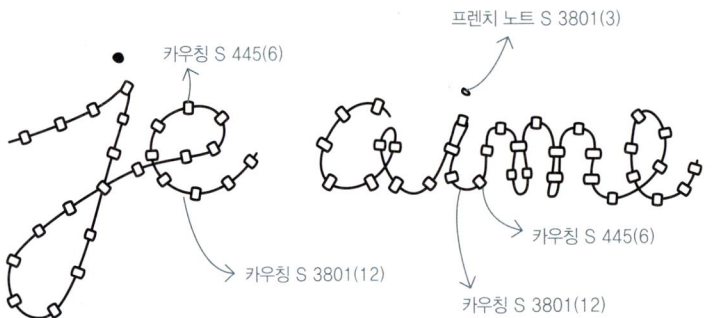

카우칭 S 445(6)
프렌치 노트 S 3801(3)
카우칭 S 3801(12)
카우칭 S 445(6)
카우칭 S 3801(12)

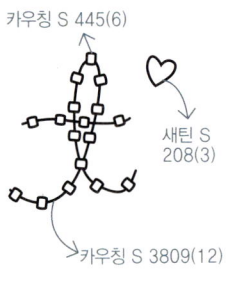

카우칭 S 445(6)
새틴 S 208(3)
카우칭 S 3809(12)

PART 2 글자로 엮은 일상 소품

헬로 티셔츠

HOW TO PREPARE

준비물 티셔츠, 태슬끈
사용한 실 DMC 형광실 E1010, E980, E990, E1040, E1050
활용한 기법 카우칭

MINA'S TIP
태슬끈으로 알파벳 모양을 잡고 카우칭 스티치하세요.

카우칭 S E1010(6)
카우칭 S E990(6)
카우칭 S E1040(6)
카우칭 S E980(6)
카우칭 S E1050(6)

하우디 티셔츠

HOW TO PREPARE

준비물 티셔츠, 태슬끈
사용한 실 베리에이션 58
활용한 기법 카우칭

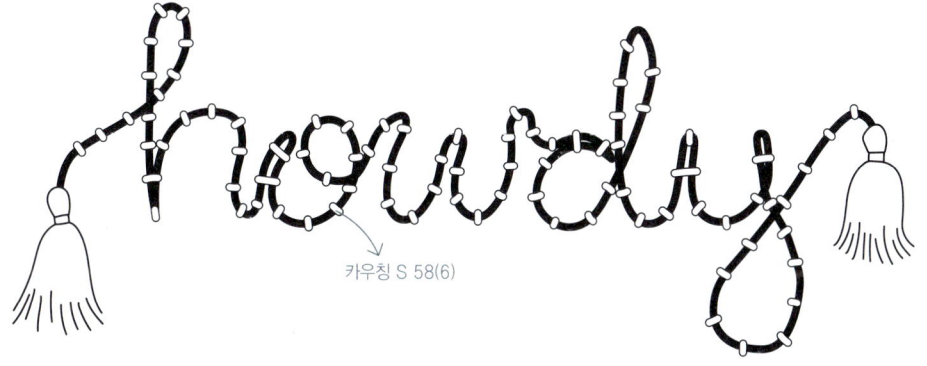

카우칭 S 58(6)

115

 앞치마 처음 자수를 시작했을 때부터 주방 소품에 수놓고 싶다는 생각을 했어요.
반복되는 집안일도 예쁜 앞치마를 두르면 즐겁게 할 수 있을 것 같아요.
애칭을 수놓아 주방에서도 특별한 나를 만들어보세요.

PART 2 글자로 엮은 일상 소품

HOW TO PREPARE

준비물 앞치마
사용한 실 DMC 25번사 3845, 3842, 3848, 597, 3809, 3852, 3853, 3350, 3801, 166, 991
활용한 기법 새틴 · 플라이 · 체인 · 러닝 · 블리온 데이지 · 아웃라인 · 프렌치 노트

MINA'S TIP
새틴 스티치는 가장 안쪽부터 시작하세요.

새틴 S 3845(2)
새틴 S 3842(2)
새틴 S 3848(2)

플라이 S 3842(1) + 3845(1)
(한 가닥씩 섞어 두 가닥으로 플라이 스티치한다)

플라이 S 597(3) + 3809(1)
(3가닥과 2가닥을 섞어 플라이 스티치한다)

플라이 S 991(4)

체인 S 3852(3)

새틴 S 3809(2)   러닝 S 3853(3)

새틴 S 597(2)

새틴 S 3842(2)

프렌치 노트 S 3801(4)

아웃라인 S 166(6)

블리온 데이지 S 3350(3)

MINA'S TIP
블리온 데이지 스티치를 할 때는 실을 너무 타이트하게 감지 마세요. 바늘이 한 번에 뽑아지지 않을 경우 아래쪽부터 살살 잡아 내리면서 조금씩 빼면 됩니다.

주방 소품

늘 같은 모습의 우리집 주방도 예쁜 소품 하나로 분위기 전환이 됩니다. 컬러풀한 태슬과 폼폼을 활용해 심플하지만 세련된 작품을 만들었어요. 나만의 자수 작품으로 주방을 특별하게 만들어보세요.

PART 2 글자로 엮은 일상 소품

키친클로스

HOW TO PREPARE

준비물 키친클로스
사용한 실 DMC 25번사 **글자**(154), **태슬**(930, 3852, 310, 733, 917, 898)
활용한 기법 체인 · 태슬 ◀◀ p.43 태슬(B) 만들기 참고

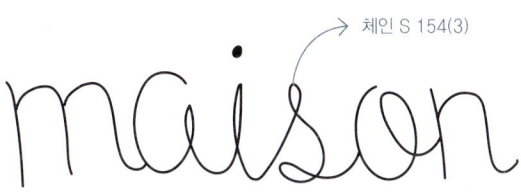

체인 S 154(3)

930(6)   3852(6)   310(6)   733(6)   917(6)   898(6)
(6번 감기) (6번 감기) (6번 감기) (6번 감기) (6번 감기) (6번 감기)

테이블매트

HOW TO PREPARE

준비물 테이블매트, 솜볼
사용한 실 DMC 25번사 930, 502, 152, 356
활용한 기법 아웃라인 · 새틴

MINA'S TIP
숫자 안쪽은 사선 방향으로 새틴 스티치하세요.
아웃라인 스티치로 테두리를 수놓을 때는 실을
1~2가닥으로 얇게 사용해야 깔끔하고 예뻐요.

아웃라인 S 930(1)   아웃라인 S 502(1)   아웃라인 S 152(1)   아웃라인 S 356(1)

새틴 S 930(3)   새틴 S 502(3)   새틴 S 152(3)   새틴 S 356(3)

PART 3

취미로 자수를 시작했을 때부터 두 딸에게 예쁜 자수 작품을 만들어줄 생각에 설레었어요. 아이에게 엄마의 정성을 표현하는 것 만큼 의미 있는 일이 어디 있을까요? 뱃속의 아기 얼굴을 상상하며 어울리는 기법이나 색감을 떠올리며 수놓는 일은 특별한 교감이자 훌륭한 태교입니다. 제 클래스에서 인기 높은 태교 자수부터 아이 작품을 활용한 자수 작품까지 다양하게 소개할게요.

수놓는 엄마의 선물

태교 선물

태교 바느질하는 예비 엄마들이 많죠? 한 가지 색상의 실로 수놓은 단색 자수는 깨끗한 느낌을 줍니다. 선물 받은 손싸개와 발싸개에 정성껏 수놓고 아기 태명을 작게 스티치해서 의미를 더하세요.

PART 3 수놓는 엄마의 선물

손싸개

HOW TO PREPARE

준비물 손싸개, 수성펜
사용한 실 DMC 25번사 825
활용한 기법 체인 · 레이지 데이지 · 프렌치 노트 · 버튼홀 · 태슬 ◀◀ p.43 태슬(B) 만들기 참고

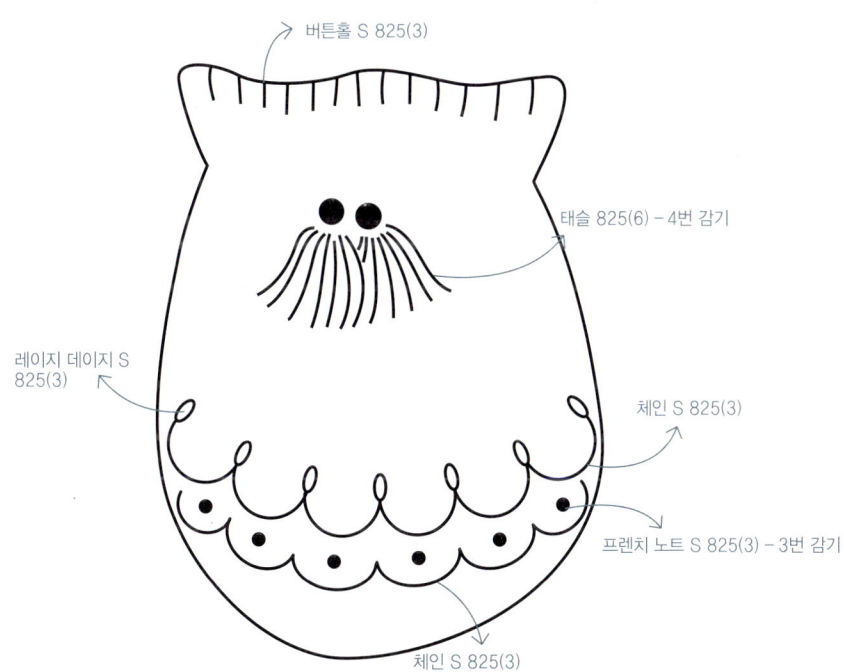

버튼홀 S 825(3)
태슬 825(6) - 4번 감기
레이지 데이지 S 825(3)
체인 S 825(3)
프렌치 노트 S 825(3) - 3번 감기
체인 S 825(3)

123

발싸개

HOW TO PREPARE

준비물 발싸개, 수성펜
사용한 실 DMC 25번사 825
활용한 기법 버튼홀 · 체인 · 레이지 데이지 · 프렌치 노트 · 태슬 ◀ p.43 태슬(B) 만들기 참고

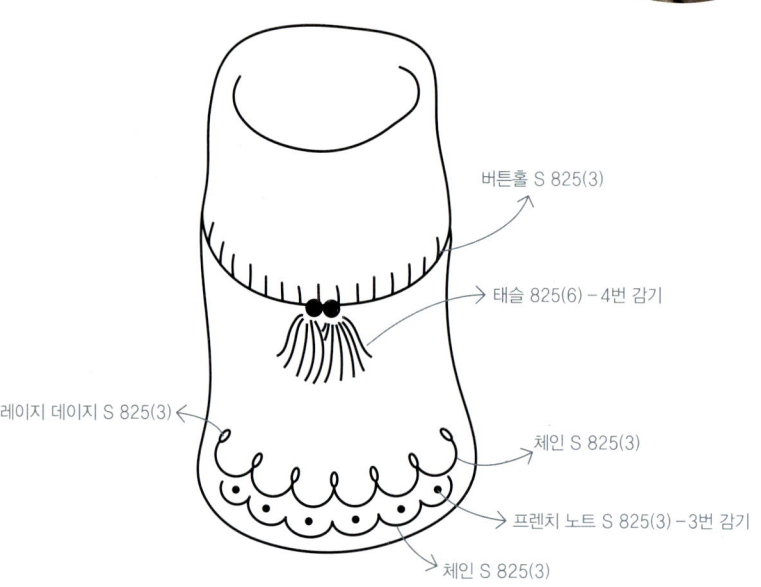

버튼홀 S 825(3)
태슬 825(6) - 4번 감기
레이지 데이지 S 825(3)
체인 S 825(3)
프렌치 노트 S 825(3) - 3번 감기
체인 S 825(3)

HOW TO MAKE

1 수놓을 발싸개에 수성펜으로 도안을 그린다.

2 매듭이 보이지 않도록 발싸개 안쪽에서 나온다.

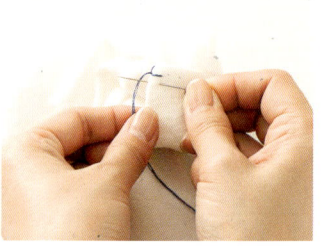

3 발싸개를 접어 테두리를 버튼홀 스티치한다.

PART 3 수놓는 엄마의 선물

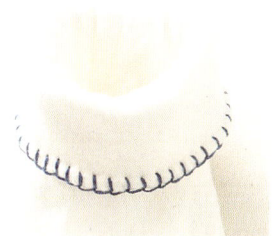

4 버튼홀 스티치 완성.

5 도안을 따라 체인 스티치한다.

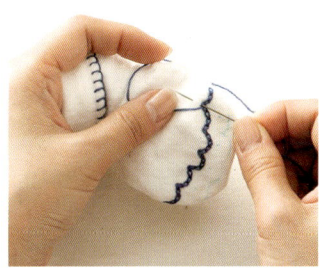

6 체인 스티치 꼭짓점마다 레이지 데이지 스티치를 1개씩 한다.

7 체인 스티치의 볼록한 부분 아래에 프렌치 노트 스티치를 1개씩 한다.

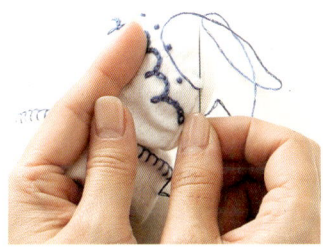

8 아래쪽 선은 체인 스티치한다.

9 체인 스티치 완성.

10 2cm 길이의 태슬을 만들어 발싸개 앞부분에 단다.

11 태슬이 떨어지지 않도록 3~4번 고정해 마무리한다.

배냇저고리

태교로 배냇저고리를 직접 만드시는 분들이 많잖아요.
저는 완제품에 예쁘게 수놓았어요. 원하는 수를 놓고,
조그맣게 태명을 더해주면 평생 기념이 될 선물이 완성되지요.

PART 3 수놓는 엄마의 선물

HOW TO PREPARE

준비물 배냇저고리
사용한 실 DMC 25번사 993, 402, 738, 648, 834
활용한 기법 아웃라인 · 새틴 · 태슬 ◀◀ p.43 태슬(B) 만들기 참고

태슬 738(6) - 7번 감기
태슬 648(6) - 7번 감기
태슬 402(6) - 7번 감기
태슬 834(6) - 7번 감기

아웃라인 S 993(3)
새틴 S 993(3)
아웃라인 S 993(3)

> **MINA'S TIP**
> • 신축성이 좋은 원단에 수놓을 때는 실을 잡아당기면서 수놓으면 원단이 울고, 구멍이 날 수 있어요. 조직이 고르게 펴지도록 수틀을 끼우세요.
> • 새틴 스티치할 때 잎의 양쪽은 'V'모양으로 사선을 유지하며 수놓아야 스티치 결이 예쁘고 수놓는 시간도 단축되어요.
> • 태슬을 만들어 배냇저고리 끝부분에 달아주세요.

 **턱받이** 턱받이에 아기 태명을 사랑스럽게 수놓고, 테두리를 버튼홀 스티치로 마무리하여 완성도를 높였어요. 실 컬러는 핑크색 계열의 컬러와 포인트 컬러를 조합해서 고르세요.

PART 3 수놓는 엄마의 선물

HOW TO PREPARE

준비물 턱받이
사용한 실 DMC 25번사 892, 891, 3825, 3607, 3801, 3608, 3770, 963, 3326, 3856, 3609, 3046, 3706
활용한 기법 버튼홀 · 새틴 · 아웃라인 · 프렌치 노트 · 카우칭 드 트렐리스 · 체인 · 립드 스파이더 웹 · 백

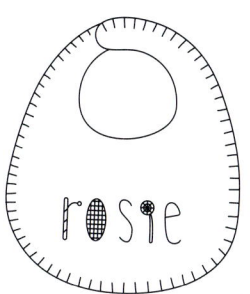

> **MINA'S TIP**
> 턱받이 테두리를 버튼홀 스티치(892번 실을 3가닥)할 때는 스티치의 길이와 간격을 일정하게 해야 예쁘게 완성돼요.

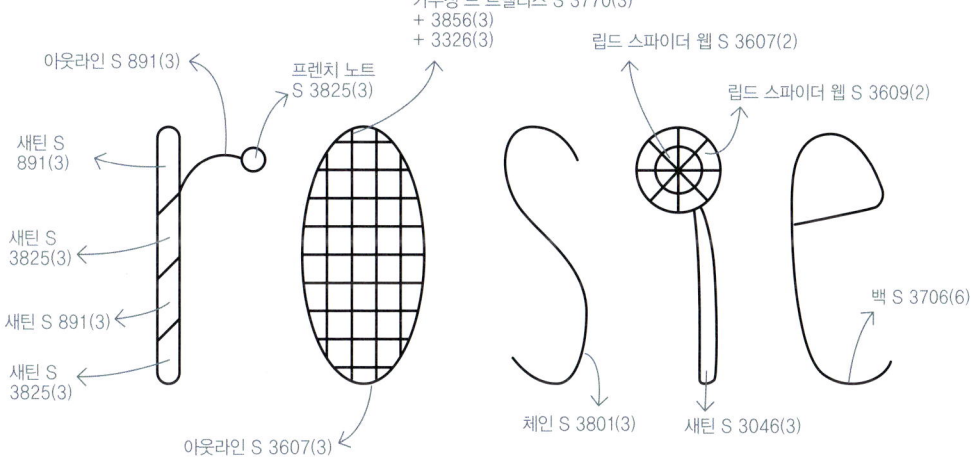

- 아웃라인 S 891(3)
- 프렌치 노트 S 3825(3)
- 카우칭 드 트렐리스 S 3770(3) + 3856(3) + 3326(3)
- 립드 스파이더 웹 S 3607(2)
- 립드 스파이더 웹 S 3609(2)
- 새틴 S 891(3)
- 새틴 S 3825(3)
- 새틴 S 891(3)
- 새틴 S 3825(3)
- 백 S 3706(6)
- 아웃라인 S 3607(3)
- 체인 S 3801(3)
- 새틴 S 3046(3)

 보닛

한 가지 컬러의 실로 수놓는 단색 자수는 심플하면서도 세련되어 자주 만들곤 해요. 빨간색 실로만 수놓아 레드워크를 완성했어요. 출산준비물로 특별한 보닛을 준비해두면 첫 외출하는 날, 100일 등 기념하고 싶은 날에 촬영하기 좋아요.

PART 3 수놓는 엄마의 선물

HOW TO PREPARE

준비물 보닛
사용한 실 DMC 25번사 817
활용한 기법 백 · 새틴 · 더블 레이지 데이지 · 아웃라인

아웃라인 S 817(2)

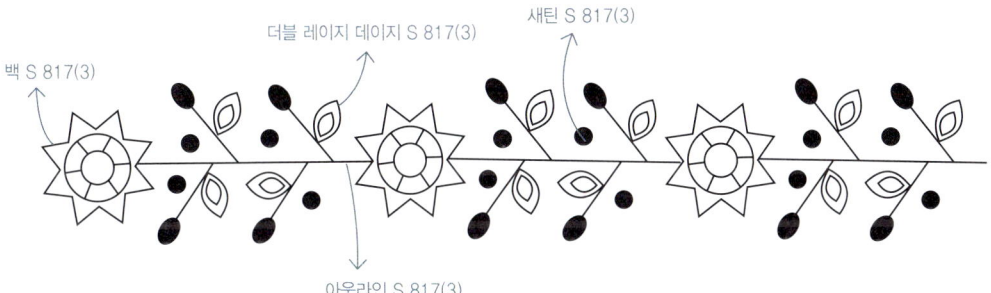

백 S 817(3)
더블 레이지 데이지 S 817(3)
새틴 S 817(3)
아웃라인 S 817(3)

MINA'S TIP
안쪽에 작은 레이지 데이지 스티치를 하고, 바깥쪽에 큰 레이지 데이지 스티치를 해야 더블 레이지 데이지 스티치 모양이 예뻐요.

애착 인형

우리 아이의 첫 친구인 애착 인형을 만들어봤어요.
인형의 이름과 얼굴 표정을 스티치로 재미있게 표현하고
공주님들의 필수 아이템인 튜튜 스커트도 직접 만들어 입혔답니다.

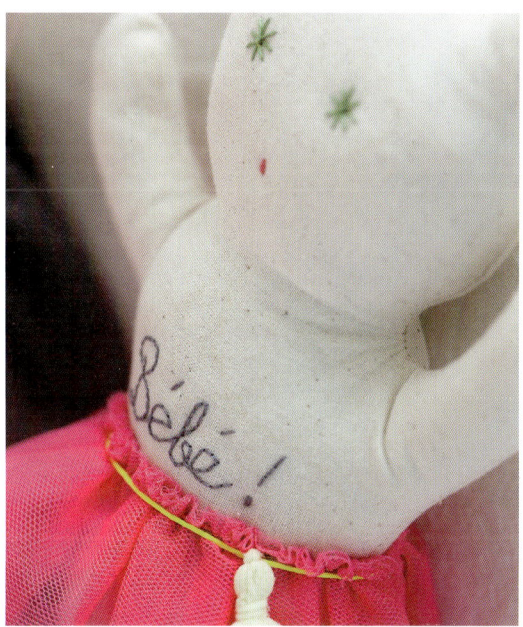

HOW TO PREPARE

준비물 인형, 망사 원단, 형광실, 수성펜, 재단 가위
사용한 실 DMC 25번사 989, 892, 414, 3350, 606
활용한 기법 스타·백·스트레이트·러닝·태슬 ◀◀ p.43 태슬(B) 만들기 참고

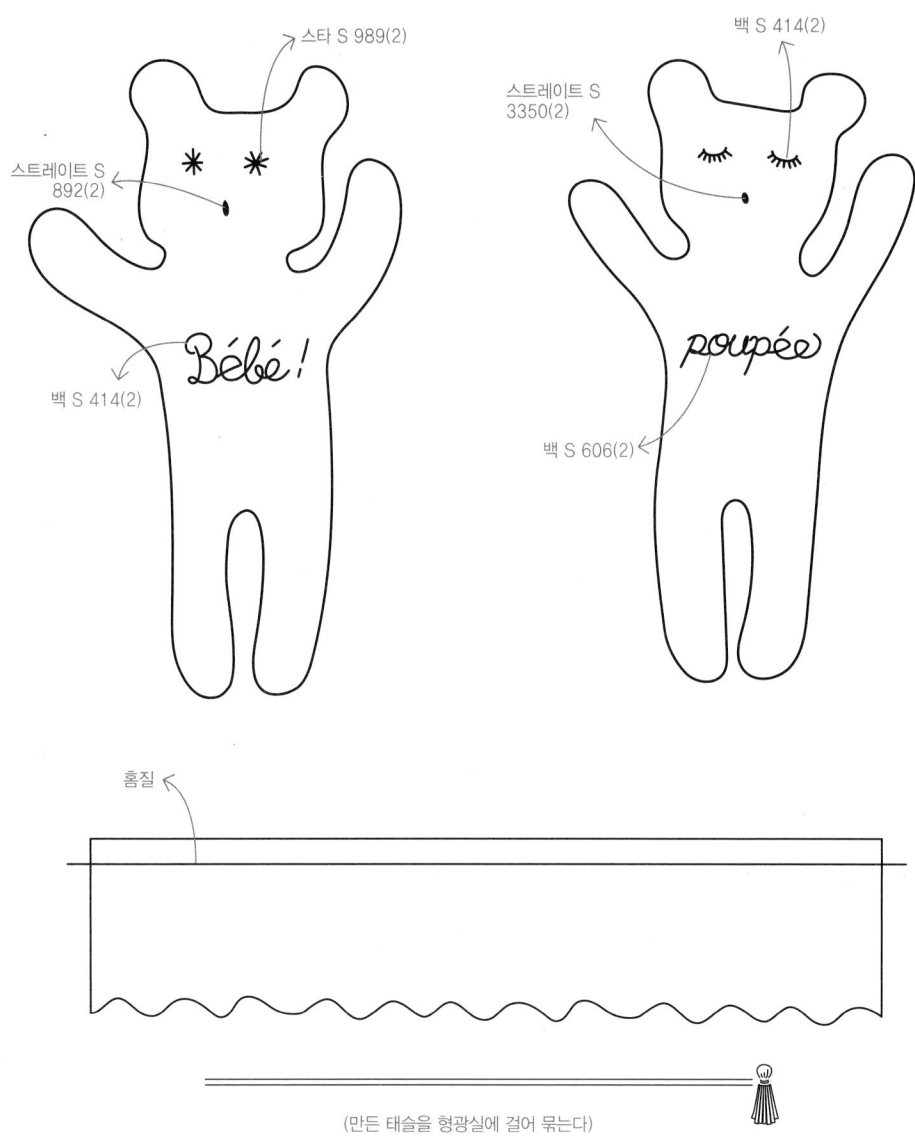

PART 3 수놓는 엄마의 선물

HOW TO MAKE

1 인형에 수놓을 도안을 그린다.

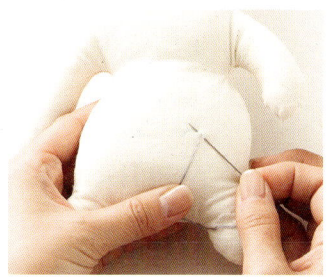

2 눈은 백 스티치한다.

3 코는 스트레이트 스티치로 두 줄 짧게 수놓는다.

4 글자는 백 스티치한다.

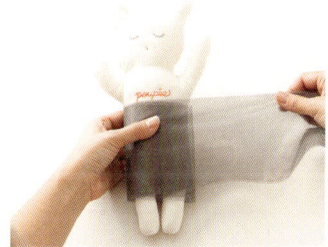

5 인형 몸통 둘레의 3배 길이로 망사 원단을 재단한다.

6 망사 원단 끝의 0.5cm 아래쪽을 홈질한다.

7 홈질한 실을 살살 잡아당기며 자연스럽게 주름을 잡는다.

8 주름 잡은 망사 원단을 인형의 허리에 둘러 입히고 태슬을 달아 마무리한다.

> **MINA'S TIP**
>
> 망사 원단을 길이 10cm, 폭 0.5cm로 10~12개 만드세요. 켜켜이 겹쳐서 반으로 포갠 다음 태슬 머리 부분을 남기고 실로 묶어 태슬을 만들어 달면 됩니다.

실내화

유치원에 다니는 아이에게 실내화는 필수품이죠. 실내화 옆에 조그맣게 이름을 수놓고 색색깔 태슬을 달아 엄마표 작품을 만들어보세요. 똑같은 실내화에 조금만 정성을 더하면 우리 아이가 특별해진답니다.

PART 3 수놓는 엄마의 선물

HOW TO PREPARE

준비물 실내화, 수성펜, 니퍼
사용한 실 DMC 25번사 3822, 3825, 912, 800
활용한 기법 태슬 ◀ p.42 태슬(A) 만들기 참고

3825(6) - 4번 감기
912(6) - 4번 감기
3822(6) - 4번 감기
800(6) - 4번 감기
프렌치 노트 S 3825(3) - 3번 감기
프렌치 노트 S 3825(3) - 3번 감기

HOW TO MAKE

1 실내화에 태슬 달 위치를 정하고 수성펜으로 표시한다.

2 첫 번째 태슬 달아줄 위치의 안쪽에서 바늘을 넣어 바깥쪽으로 뺀다.

3 실이 나온 부분을 살짝 집어 통과해 고리를 만든다.

137

4 같은 방법으로 비슷한 부분을 집어 1.5㎝ 길이의 고리를 만든다.

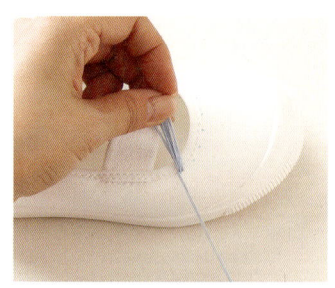

5 4번 정도 반복해서 고리를 만들고, 고리를 한꺼번에 잡아 남는 실로 위쪽을 조여 감는다.

6 2번 감은 뒤 첫 시작점에 가깝게 바늘을 넣고 안쪽에서 매듭을 지어 마무리한다.

7 실 끝을 가위로 반 가른다.

8 실을 반듯하게 모아 잡고 단면을 깔끔하게 자른다.

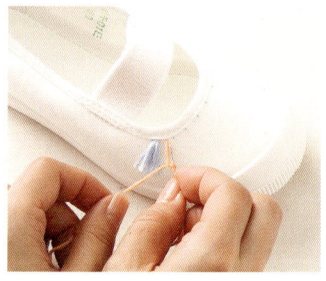

9 같은 방법으로 8개의 태슬을 만든다.

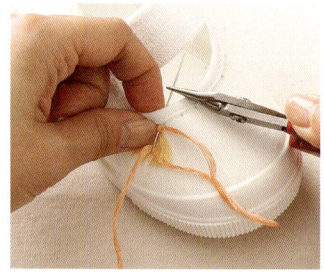

10 바늘이 잘 빠지지 않을 경우 니퍼를 사용한다. 태슬을 모두 단 뒤 사이사이 빈 공간은 프렌치 노트 스티치한다.

> **MINA'S TIP**
> 태슬을 가위로 자를 때 가위질을 여러 번 하면 단면이 들쭉날쭉해요. 실을 모아서 가위 안쪽 날로 한 번에 잘라야 깔끔하답니다.

 **네임 태그**

사회생활을 시작한 아이들은 이름표가 필요할 때가 많아요.
스티커를 붙이거나 펜으로 이름을 쓰는 대신 태그를 만들어 달았어요.
펠트 원단에 수놓은 네임 태그는 탈부착할 수 있어 실용적이에요.

퍼플 태그

HOW TO PREPARE

준비물 0.3cm 소프트 펠트, 리버티 원단
사용한 실 DMC 25번사 677, 3755, 3862, E3821, 화이트, 155, 722, 523, 760, 745, 3740
활용한 기법 새틴 · 백 · 코럴 · 스트레이트 · 아웃라인 필링

MINA'S TIP
끈을 끼울 구멍을 뚫을 때 펀칭 도구가 없다면 송곳을 이용하세요.

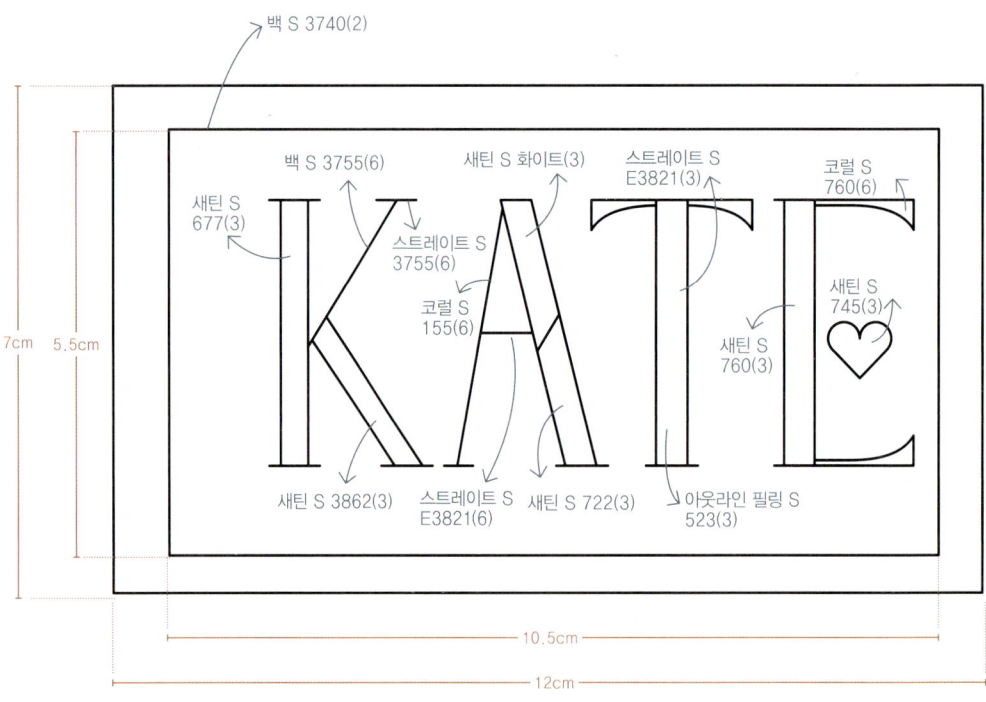

PART 3 수놓는 엄마의 선물

브라운 태그

HOW TO PREPARE

준비물 0.3cm 소프트 펠트, 가죽끈
사용한 실 DMC 25번사 783, 930, 3777, 3045, 3864, 3011, 780, 316, 921, 167, 3802, 3808, 3726, 453, 869
활용한 기법 새틴·코럴·백·아웃라인 필링·스트레이트

MINA'S TIP
두꺼운 바늘로 펠트 원단에 수놓으면 손에 무리가 가므로 얇은 바늘을 선택하세요.

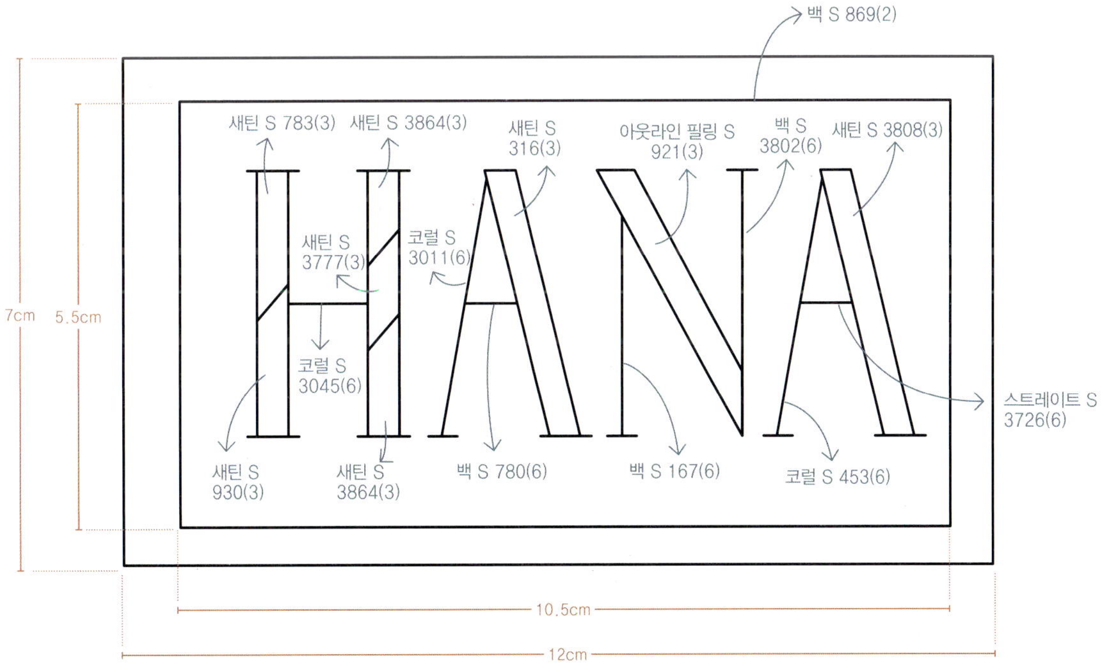

백 S 869(2)

새틴 S 783(3)   새틴 S 3864(3)   새틴 S 316(3)   아웃라인 필링 S 921(3)   백 S 3802(6)   새틴 S 3808(3)

새틴 S 3777(3)   코럴 S 3011(6)

코럴 S 3045(6)

스트레이트 S 3726(6)

새틴 S 930(3)   새틴 S 3864(3)   백 S 780(6)   백 S 167(6)   코럴 S 453(6)

7cm   5.5cm   10.5cm   12cm

141

 **태슬 양말** 이니셜 자수는 간단하게 수놓으면서 어떤 자수 못지않은 상징성이 있어 매력적입니다. 출산을 앞둔 지인이나 사랑하는 아이에게 정성 가득한 프랑스 자수 양말을 선물하면 어떨까요? 쉬운 기법으로 수놓아 심플하고, 태슬을 달아 멋스러워요.

PART 3 수놓는 엄마의 선물

HOW TO PREPARE

준비물 양말
사용한 실 DMC 25번사 729, 3765
활용한 기법 백 · 태슬 ◀ p.43 태슬(B) 만들기 참고

> **MINA'S TIP**
> 원단의 골이 깊은 양말은 수를 고르게 놓기 어려우므로 최대한 골이 없는 양말을 선택하세요.

백 S 729(2)

태슬 3765(6) -8번 감기

백 S 3765(2)

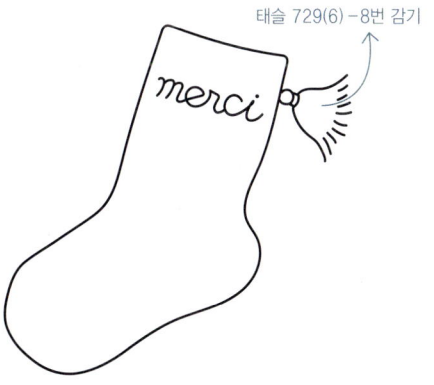

태슬 729(6) -8번 감기

아이방 문패

한참 소유욕이 생긴 아이는 여기저기 이름표를 붙이고 싶어해요. 아이 이름을 새겨 문패를 만들어봤어요. 펠트를 오려 알록달록하게 배치해 얹고 간단한 스티치로 포근하고 입체적인 꽃 장식을 더했어요. 수틀 그대로 방문에 걸면 된답니다.

PART 3 수놓는 엄마의 선물

HOW TO PREPARE

준비물 수틀, 흰색 린넨, 펠트
사용한 실 DMC 25번사 310, 721, 608, 3774,
3013, 726, 3853, 989, 720, 3823
활용한 기법 아웃라인 · 코럴 · 립드 스파이더 웹 · 백 ·
크로스 · 프렌치 노트 · 버튼홀 휠

> MINA'S TIP
> • 펠트 대신 자투리 원단을 사용해도 좋아요. 단추나 비즈를 달아주어도 예쁜 작품이 됩니다.
> • 곡선을 코럴 스티치할 때는 땀 간격을 너무 넓지 않게 하세요.

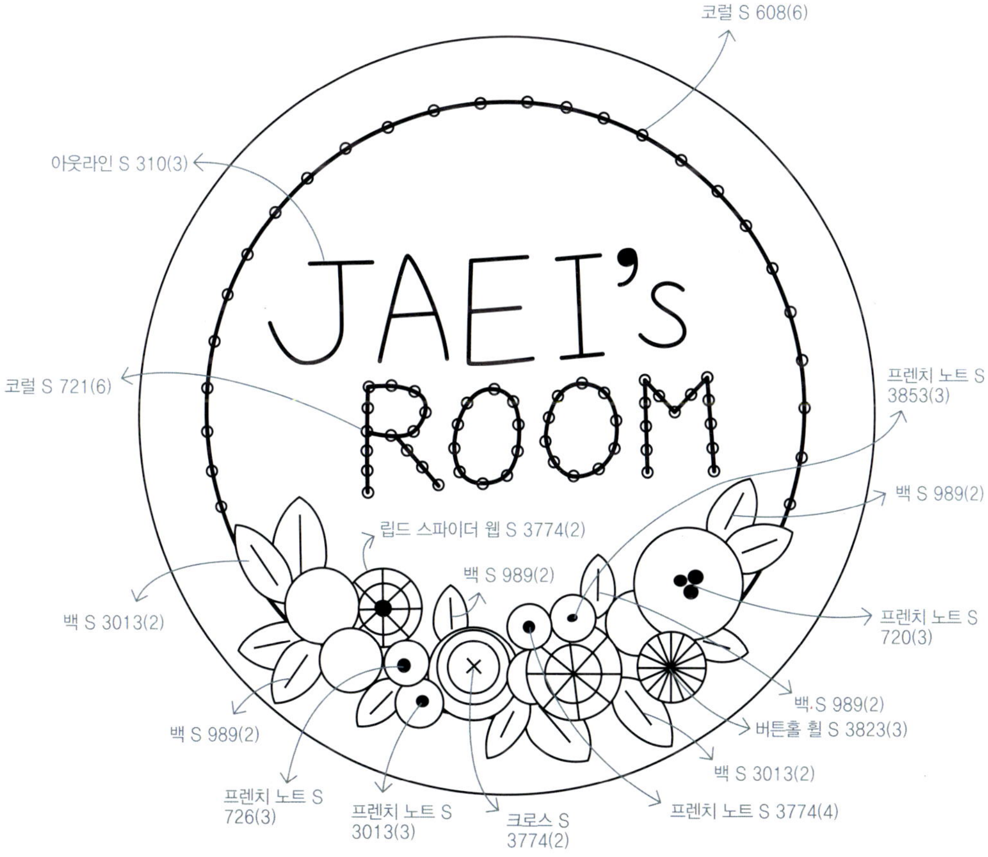

코럴 S 608(6)
아웃라인 S 310(3)
코럴 S 721(6)
립드 스파이더 웹 S 3774(2)
프렌치 노트 S 3853(3)
백 S 989(2)
백 S 3013(2)
백 S 989(2)
프렌치 노트 S 720(3)
백 S 989(2)
버튼홀 휠 S 3823(3)
백 S 3013(2)
프렌치 노트 S 726(3)
프렌치 노트 S 3013(3)
크로스 S 3774(2)
프렌치 노트 S 3774(4)

 에코백

작은 크기의 에코백에 아이 이름을 수놓았어요.
한 글자 한 글자 디자인한 이름을 알록달록한 색감으로 수놓고,
태슬 장식과 리버티 원단 매듭으로 포인트를 주었어요.
간단한 소품을 넣고 다니기에 좋아요.

베이비 에코백

HOW TO PREPARE

준비물 에코백
사용한 실 DMC 25번사 699, 922, 989, 761, 335, 472, 310, 700, 333, 728, 725, 3805, 165, 893, 3689, 740, 699, 543, E3821
활용한 기법 리프 · 아웃라인 · 페탈 · 블리온 링 · 브레이드 · 새틴 · 스트레이트 · 아웃라인 필링 · 프렌치 노트 · 레이지 데이지 · 밀 플라워 · 버튼홀 휠

MINA'S TIP
나뭇잎은 사선으로 각을 살려 수놓아 예뻐요. 나뭇잎의 잎맥을 표시해 리프 스티치하면 원하는 각을 유지하면서 수놓을 수 있습니다.

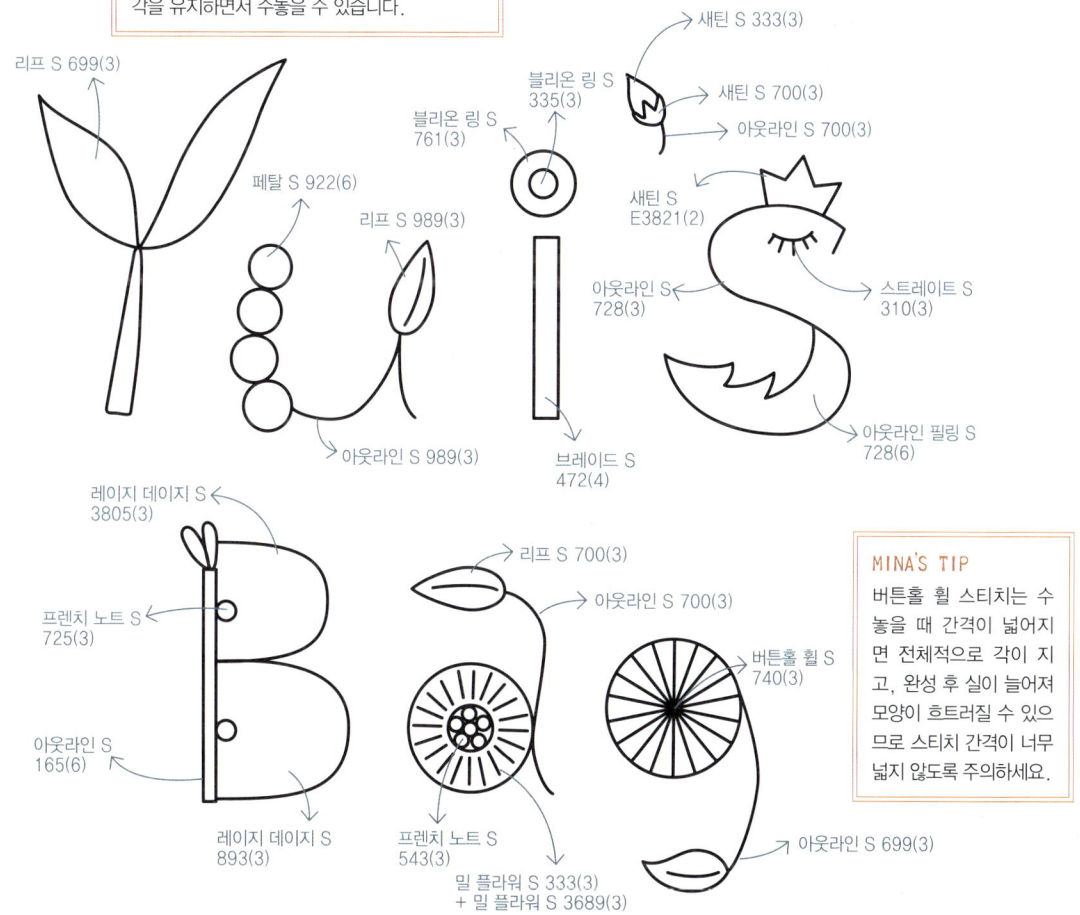

리프 S 699(3)
페탈 S 922(6)
리프 S 989(3)
블리온 링 S 761(3)
블리온 링 S 335(3)
새틴 S 333(3)
새틴 S 700(3)
아웃라인 S 700(3)
새틴 S E3821(2)
스트레이트 S 310(3)
아웃라인 S 728(3)
아웃라인 S 989(3)
브레이드 S 472(4)
아웃라인 필링 S 728(6)

레이지 데이지 S 3805(3)
프렌치 노트 S 725(3)
아웃라인 S 165(6)
레이지 데이지 S 893(3)
리프 S 700(3)
아웃라인 S 700(3)
프렌치 노트 S 543(3)
밀 플라워 S 333(3) + 밀 플라워 S 3689(3)
(333번 실로 스티치한 뒤 여백 사이를 3689번 실로 수놓는다)
버튼홀 휠 S 740(3)
아웃라인 S 699(3)

MINA'S TIP
버튼홀 휠 스티치는 수놓을 때 간격이 넓어지면 전체적으로 각이 지고, 완성 후 실이 늘어져 모양이 흐트러질 수 있으므로 스티치 간격이 너무 넓지 않도록 주의하세요.

🧵 키즈 에코백

HOW TO PREPARE

준비물 에코백

사용한 실 DMC 25번사 3824, 367, 166, 818, 3716, 602, 150, 3781, 318, 315, 744, 3770, 702, 350, 471, 3855, 680, 3705, 208, 3052, 3341, 445, 221, 469, 742, 351, 580, 561, 892

활용한 기법 새틴 · 프렌치 노트 · 리프 · 아웃라인 · 셰브론 · 카우칭 · 버튼홀 휠 · 태슬 · 리프 · 코럴 · 페더 · 레이지 데이지 · 립드 스파이더 웹 · 스파이더 웹 로즈 · 바스켓 · 케이블 · 체인 · 블리온

> **MINA'S TIP**
> • 가운데를 먼저 수놓고 양쪽 한 개씩 더해서 프렌치 노트 스티치를 완성하세요.
> • 버튼홀 스티치는 간격을 너무 크게 하지 않고 꽃잎이 움푹 들어간 부분은 짧게 스티치해야 꽃모양이 예뻐요.

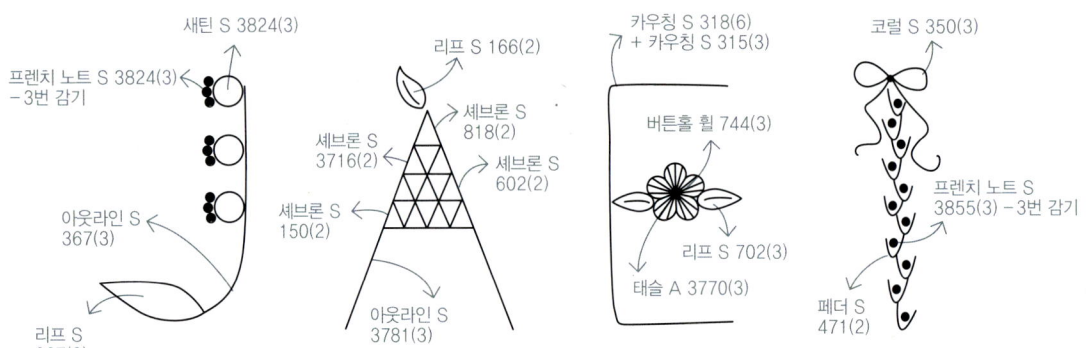

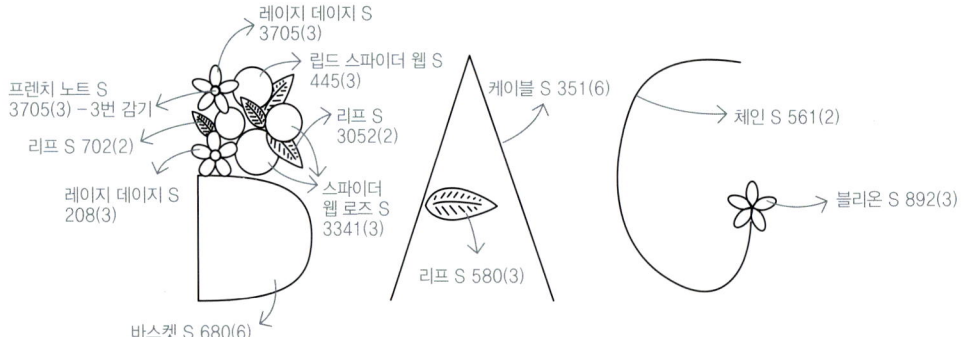

PART 3 수놓는 엄마의 선물

 블랭킷 신생아부터 어린이집에 다니는 아이들까지 없어서는 안 되는 낮잠이불.
표식의 의미로 새기는 이름도 얼마든지 예쁘고, 세련되게 장식할 수 있어요.
토끼를 수놓고, 체인 스티치로 이름을 새겨 귀여운 느낌을 살려주었어요.

HOW TO PREPARE

준비물 블랭킷
사용한 실 DMC 25번사 3817, 310, 3822, 819, 414, E168
활용한 기법 스타 · 프렌치 노트 · 체인 · 레이즈드 리프 · 새틴 · 백 · 아웃라인 · 롱앤숏 · 리본

MINA'S TIP
- 체인 스티치는 땀이 너무 크지 않게 수놓으세요.
- 레이즈드 리프 스티치는 촘촘하게 해야 완성 후 흐트러짐이 없어요.

스타 S E618(3)
레이즈드 리프 S 819(3)
리본 3822(6)
백 S 310(2)
새틴 S 310(2)
롱앤숏 S 819(3)
아웃라인 S 310(2)
스타 S 414(3)
체인 S 3817(3)

149

베개커버

아이 그림을 특별하게 보관해봤어요. 아이가 정성껏 그린 그림을 그대로 옮겨 수를 놓으면 엄마와 아이의 콜라보레이션이 되지요. 삐뚤빼뚤 서툰 느낌이 오히려 개성 있는 작품이 됩니다.

HOW TO PREPARE

준비물 베개커버, 아이 그림, 트레싱지

사용한 실 DMC 25번사 726, 165, 963, 3805, 722, 3823, 800, 799, 210, 164, 3824, 740, 310, 3747, 809, 543, 3825, 519, 825, 3822, 3804, 3708, 975, 326, 745, 402, 989, 3811, 807, 554, 208, 3031, 3805, 894, 434, 816, 783, 608

활용한 기법 새틴 · 아웃라인 · 아웃라인 필링 · 프렌치 노트 · 체인 · 백 · 버튼홀 · 스트레이트

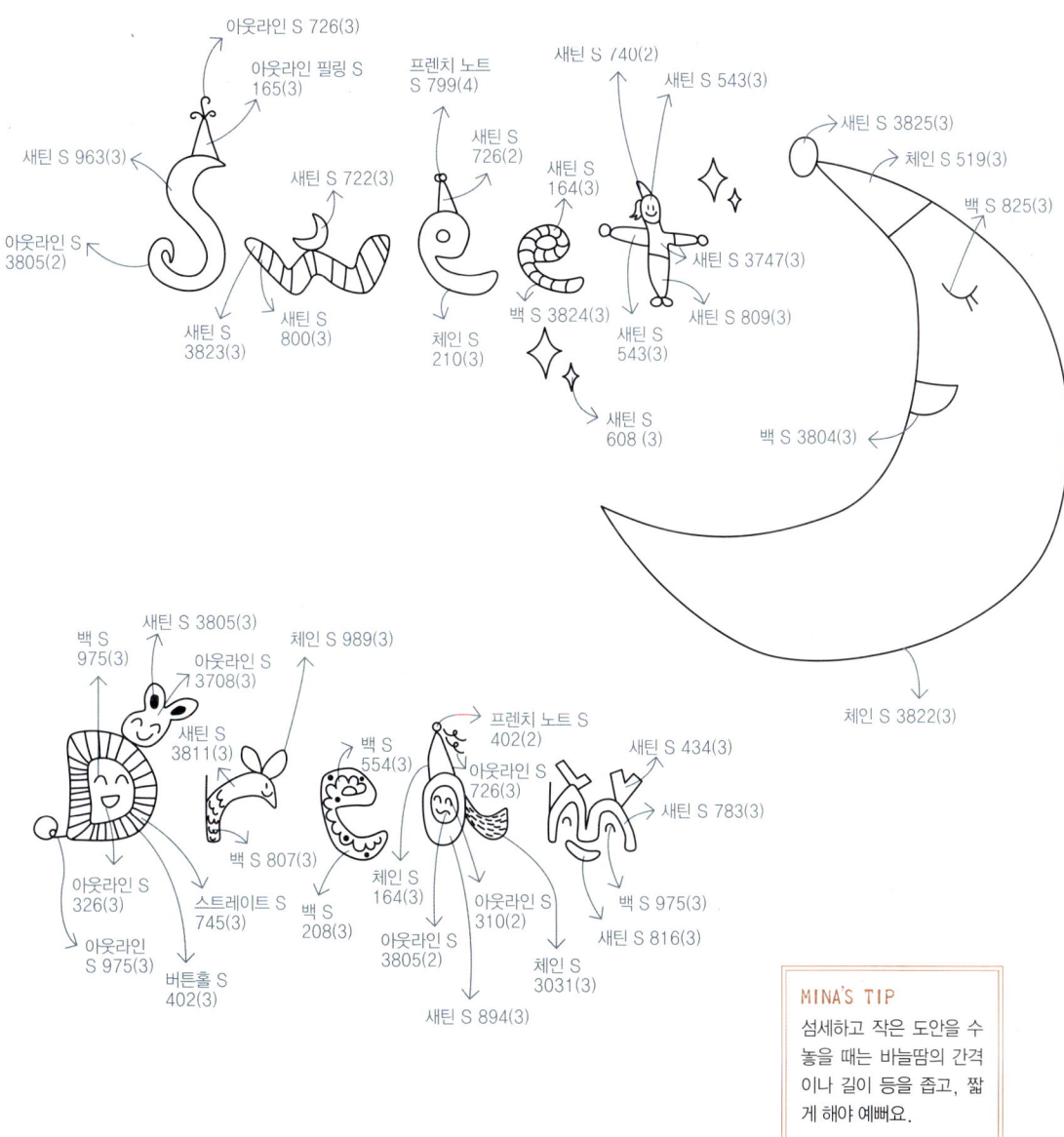

MINA'S TIP
섬세하고 작은 도안을 수 놓을 때는 바늘땀의 간격 이나 길이 등을 좁고, 짧 게 해야 예뻐요.

생일파티 갈란드

요즘 셀프 백일, 돌상을 차리는 것이 유행이죠?
축하 문구를 수놓은 갈란드를 만들어 달아주면
최고로 멋진 생일상이 되지요.
그 앞에서 매년 사진을 찍어서 사진첩을 만들어
주어도 특별할 것 같아요.

PART 3 수놓는 엄마의 선물

HOW TO PREPARE

준비물 펠트, 실끈, 고리

사용한 실 DMC 25번사 349, 744, 3855, 3817, 3857, 407, 3777, 964, 608, 727, 3819, E3821, E168, 310, 3804, 3348, 803, 208, 996, 309, 369, 158, 535, 3801, 721, 739, 3340, 3609, 782, 731, 817, 963, 793, 3849, 612, 3746, 917, 210, 3815, 892, 970, 318, 화이트

활용한 기법 새틴 · 아웃라인 · 아웃라인 필링 · 스타 · 러닝 · 휘프트 러닝 · 프렌치 노트 · 체인 · 백 · 스트레이트 · 페탈 · 버튼홀 휠 · 플라이 · 코럴 · 롱앤숏

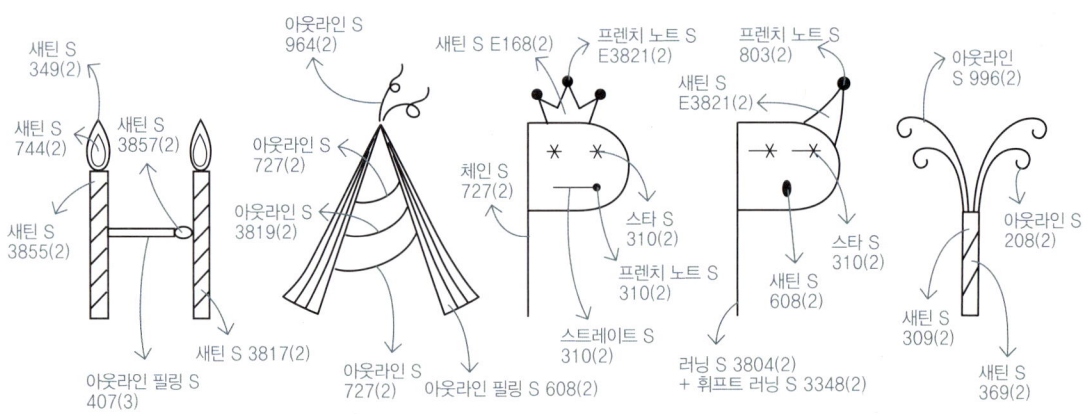

MINA'S TIP
펠트 원단에 아웃라인 필링 스티치할 때는 겉면만 살짝 뜨듯 수놓아야 바늘땀을 작게 할 수 있어요.

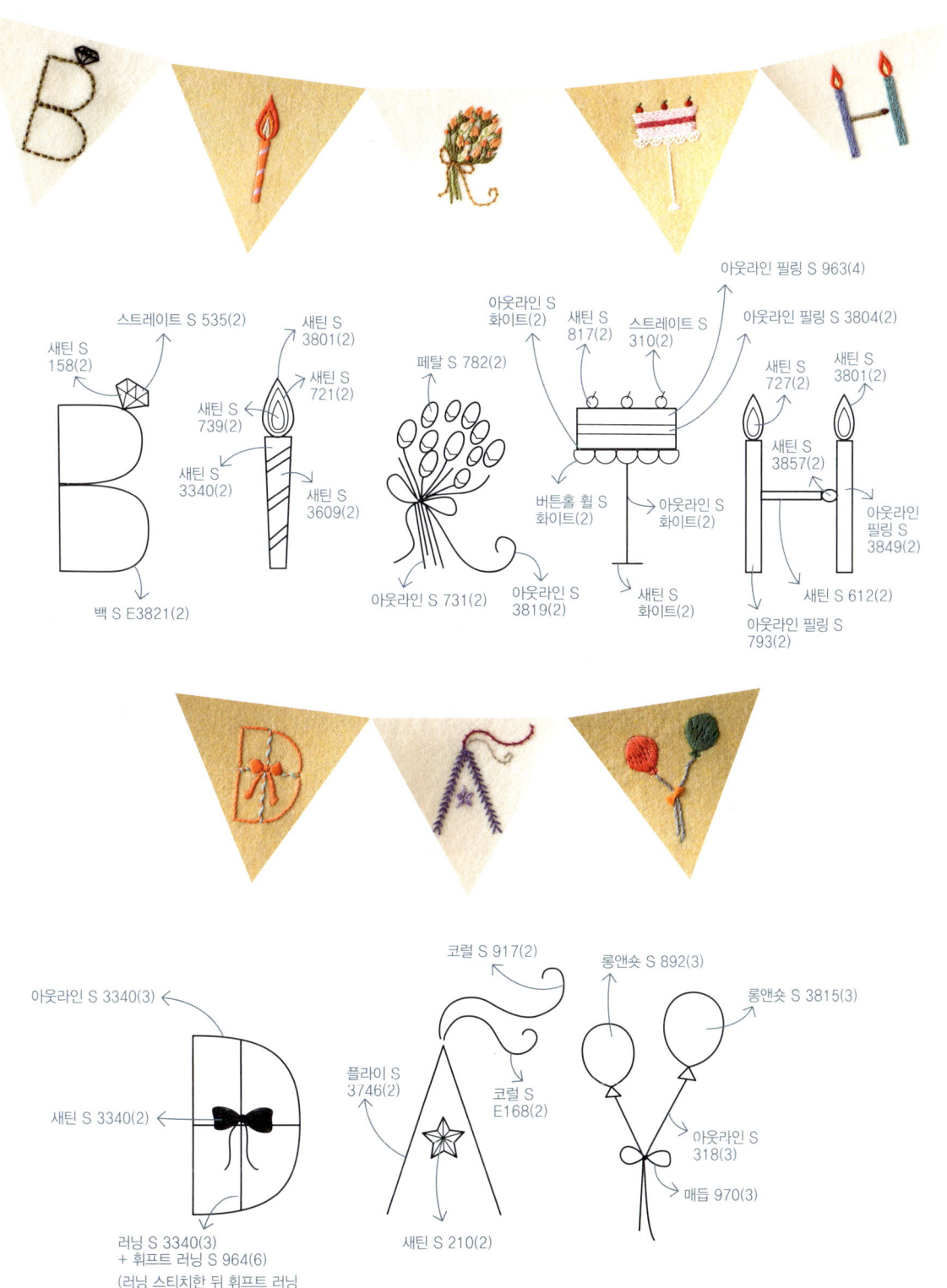

답례품 손수건

아이의 생일 파티에 찾아준 친구들을 위해 답례품을 준비했어요. 짧은 감사의 인사말을 수놓고 일회용 컵에 예쁘게 담아 하나씩 선물해보세요. 그 어떤 답례품보다 큰 감동을 줄 수 있어요.

PART 3 수놓는 엄마의 선물

HOW TO PREPARE

준비물 손수건, 일회용 컵, 리본
사용한 실 DMC 25번사 893, 989, 612, 3820, 3768
활용한 기법 페더 · 프렌치 노트 · 백 · 아웃라인 · 아웃라인 필링 · 블리온 데이지 · 블리온

> **MINA'S TIP**
> 페더 스티치는 'V'의 각도와 길이에 따라 느낌이 달라져요. 30~45°로 약간 좁게 스티치해야 예쁩니다.

프렌치 노트 S 893(3) – 3번 감기
백 S 612(2)
페더 S 989(2)

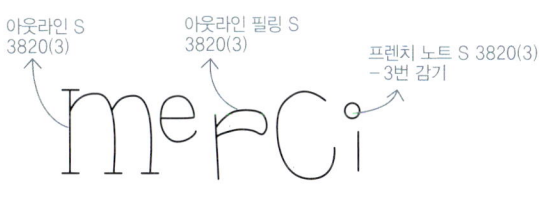

아웃라인 S 3820(3)
아웃라인 필링 S 3820(3)
프렌치 노트 S 3820(3) – 3번 감기

블리온 데이지 S 3768(3) – 30번 감기
블리온 S 3768(3)

> **MINA'S TIP**
> 블리온 데이지 스티치를 리본 매듭 부분에서 시작해 양쪽으로 하나씩 수놓고 블리온 스티치로 리본 다리를 만드세요. 마지막에 리본 매듭 부분을 위에서 아래로 새틴 스티치 하듯 몇 번 바느질해 마무리하세요.

데님 셔츠

유행을 타지 않는 스테디 아이템 데님셔츠를 유니크하게 변신시켰어요. 리프 스티치로 나뭇잎을 패턴처럼 수놓고 깔끔하게 이니셜만 더해주었어요. 어디에서도 살 수 없는 내 아이만의 아이템이 완성됐지요.

PART 3 수놓는 엄마의 선물

HOW TO PREPARE

준비물 데님 셔츠
사용한 실 DMC 25번사 화이트
활용한 기법 리프 · 체인 · 프렌치 노트

MINA'S TIP
- 소매 쪽은 통이 좁아서 바느질하기 어려워요. 수놓을 위치에 따라 손을 넣기 편한 쪽으로 바꿔서 스티치하세요.
- 리프 스티치는 사선의 각을 살려 스티치해야 예쁘게 완성됩니다.

리프 S 화이트 (3)

프렌치 노트 S
화이트(3) – 3번 감기

체인 S 화이트(3)

린넨 원피스

내추럴한 린넨 원피스에 아이 이름을 수놓았어요. 원피스 절개선을 따라 색감을 살려 포인트를 주었더니 귀엽고 깔끔한 느낌이 들어요.

PART 3 수놓는 엄마의 선물

HOW TO PREPARE

준비물 원피스
사용한 실 DMC 25번사 472, 971, 310, 504,
화이트, E3821, 168
활용한 기법 스트레이트 · 백

MINA'S TIP
백 스티치는 바늘땀 길이가 일정해야 예뻐요.

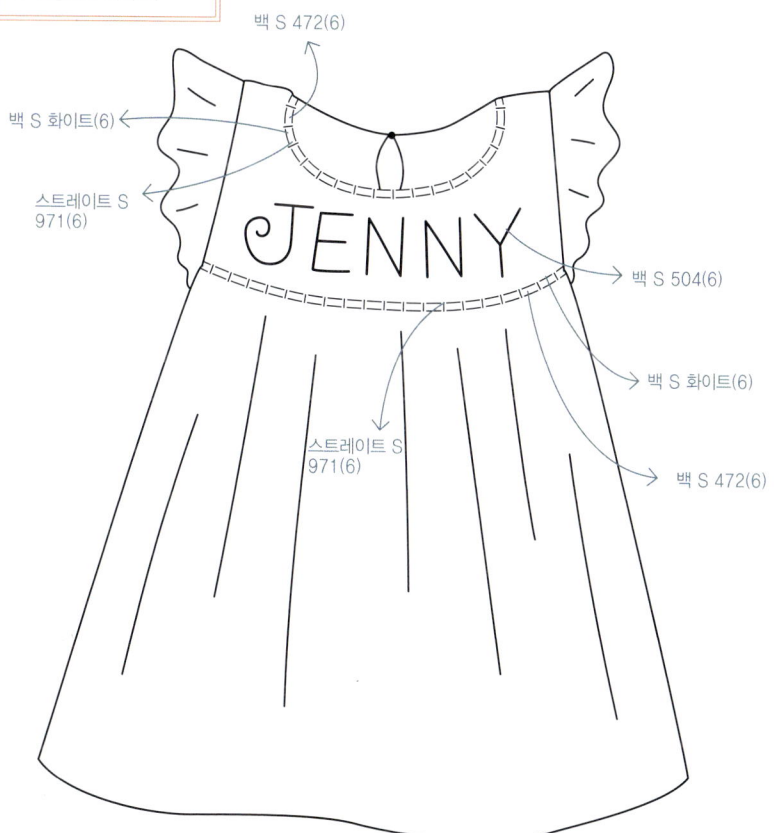

백 S 472(6)
백 S 화이트(6)
스트레이트 S 971(6)
백 S 504(6)
백 S 화이트(6)
스트레이트 S 971(6)
백 S 472(6)

피케 원피스

심플한 피케 원피스나 티셔츠 뒷면에 화려하게 수놓아 변신시켜보세요. 누구나 한번쯤 뒤돌아볼 만큼 시선을 끈답니다.

PART 3 수놓는 엄마의 선물

HOW TO PREPARE

준비물 피케 원피스
사용한 실 DMC 25번사 677, 3341, 893, 504, 731, 469, 435, 437, 3746, 3046, 970, 3810, 964, 895, 350, 967, 822, E3821, 310, 676, 3705, 414
활용한 기법 스파이더 웹 로즈 · 아웃라인 · 리프 · 스트레이트 · 브레이드 · 아웃라인 필링 · 체인 · 롱앤숏 · 코럴 · 백 · 새틴 · 프렌치 노트 · 카우칭 드 트렐리스

MINA'S TIP
스파이더 웹 로즈 스티치는 실을 많이 감으면 볼륨감이 살지만 원형이 흐트러질 수 있으므로 주의해야 합니다.

163

라피아 모자

라피아나 왕골 소재에 자수나 여러 가지 천을 콜라주한 소품은 이국적인 느낌을 줘요. 네온 컬러의 울실로 실의 꼬임을 살려 이니셜을 표현해봤어요.

PART 3 수놓는 엄마의 선물

HOW TO PREPARE

준비물 라피아 모자, 폼폼, 리본 테이프, 글루건
사용한 실 애플톤 울실 444
활용한 기법 아웃라인

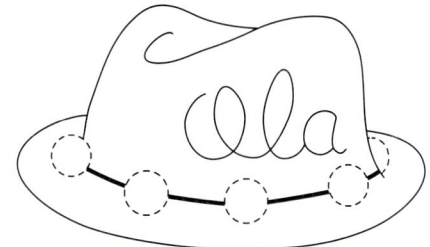

MINA'S TIP
• 라피아 등 조직이 성근 원단에 수놓을 때는 시작과 끝의 매듭을 크게 지어 매듭이 빠져나오지 않게 하세요.
• 리본 테이프를 모자 둘레에 맞게 잘라 글루건으로 붙인 뒤 폼폼을 붙여주세요.

아웃라인 S
애플톤 울실 444(2)

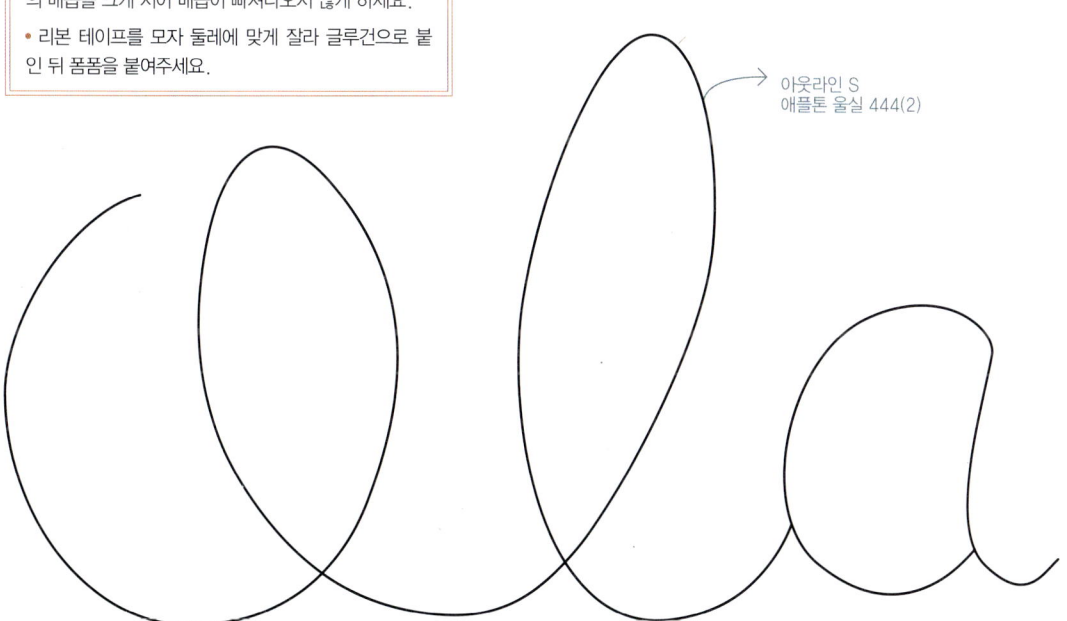

헤어핀

아이들이 매일 꽂는 헤어핀에도 엄마의 사랑을 듬뿍 담아주세요. 린넨 소재의 리본에 아이 별명이나 이름을 코럴 스티치로 수놓고 핀을 달아주기만 하면 됩니다.

PART 3 수놓는 엄마의 선물

HOW TO PREPARE

준비물 린넨 리본, 똑딱핀
사용한 실 DMC 25번사 792, 309
활용한 기법 코럴

코럴 S 792(3)

코럴 S 309(3)

MINA'S TIP
장식이 떨어진 똑딱핀과 선물 포장용 리본으로 헤어핀을 만들 수 있어요. 리본을 적당한 길이로 잘라 양쪽 끝을 안으로 조금씩 접고 아이 이름이나 애칭을 수놓아 뒤쪽에 똑딱핀을 바느질로 고정시켜요. 코럴 스티치 외에도 아웃라인, 백, 체인 스티치로 수놓을 수 있습니다.

알파벳 도안

책에 소개한 알파벳 서체의 도안을 모았습니다.
한 가지 서체로 심플하게 이니셜을 수놓아도 좋고,
여러 가지 서체를 믹스 매치해 나만의 캘리그라피
디자인을 완성해도 재미있습니다. 제시된 도안을 보며
어떤 기법와 실 컬러가 어울릴까 상상하고 연습하며
자수의 매력에 빠져보세요.

첫 번째 **DECORATIVE**

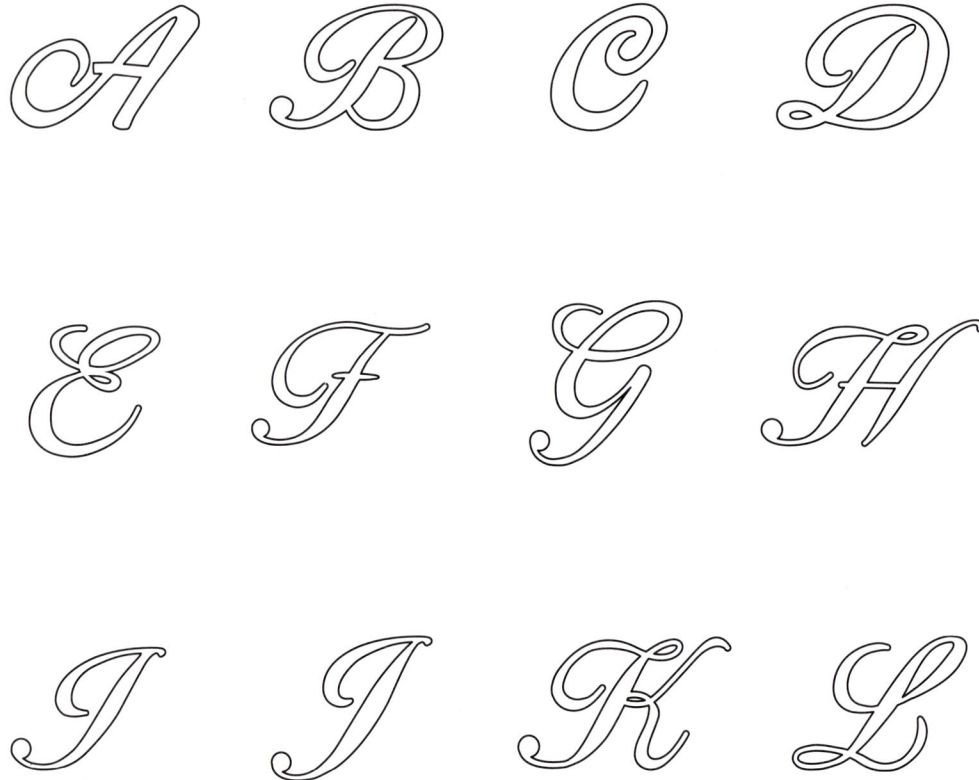

170

171

두 번째 **BOTANICAL**

세 번째 **HANDWRITING**

A B C D

E F G H

Ii Jj K L

M N O P
Q R S T
U V W
X Y Z

네 번째 **JEWELRY**

   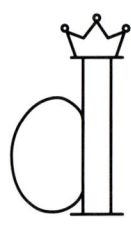

  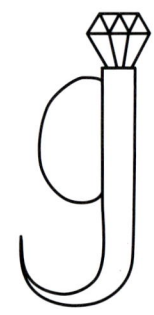 

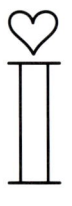 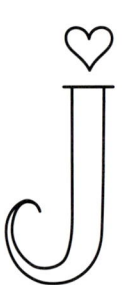 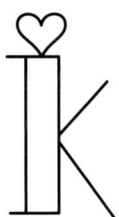 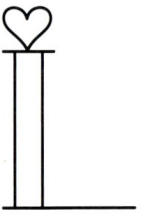

다섯 번째 DINGBAT

여섯 번째 GRAPHIC

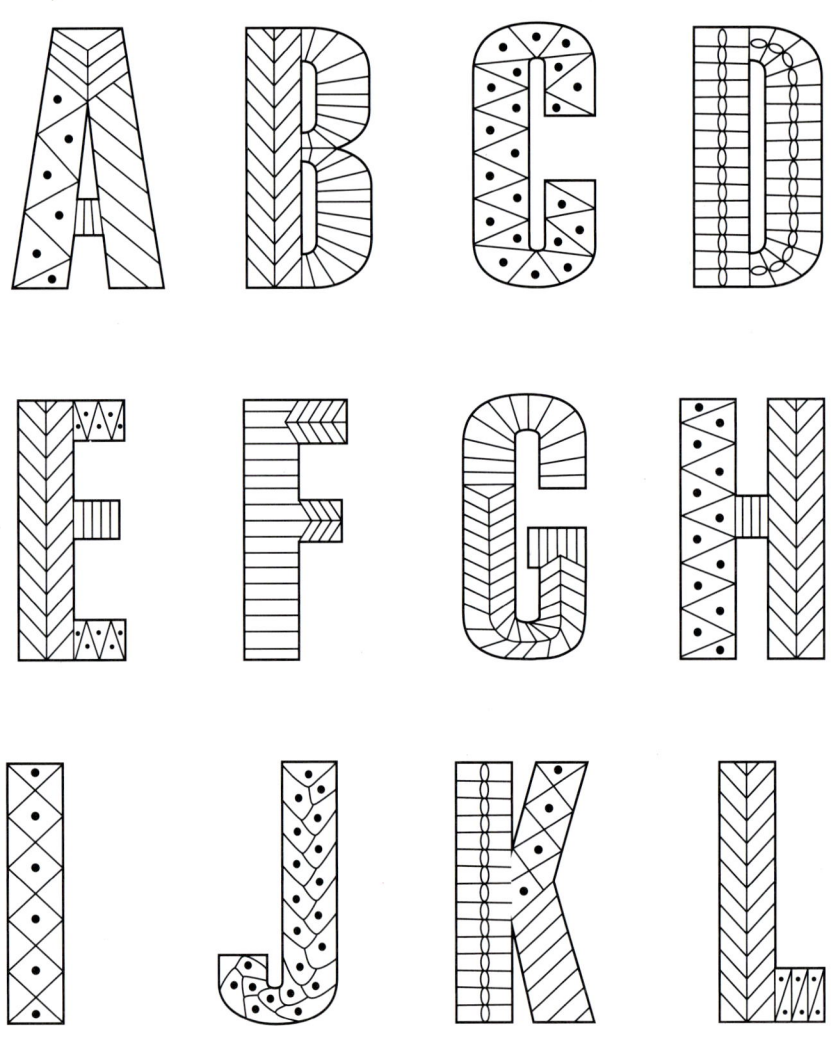

일곱 번째 DRAW BORDERS

글 자 를   수 놓 다
이니셜 자수

2023년 5월 1일   4쇄 발행

지 은 이	//	최미나
책임편집	//	이미종

일러스트	//	nami
사 진	//	박종혁 histudio
디 자 인	//	렐리시

펴낸이	//	문영애
펴낸곳	//	주작걸다
주 소	//	경기 용인시 수지구 동천로 64
이메일	//	suzakbook@naver.com
인스타그램	//	@suzakbook

출력·인쇄	//	도담프린트

값 16,500원

ISBN 978-89-6993-014-9 13630

수작걸다는 '말과 말을 걸다'라는 뜻의 출판 브랜드입니다.

이 책은 저작권법에 따라 보호받는 저작물이므로 무단 전재와 무단 복제를 금하며,
이 책 내용의 전부 또는 일부를 이용하려면 반드시 저작권자와 수작걸다의 서면 동의를 받아야 합니다.
* 인쇄 및 제본에 이상이 있는 책은 바꾸어 드립니다.